COMO INGRESSAR NA PÓS-GRADUAÇÃO

Orientações e dicas
para escolher o curso certo
e ser selecionado

Conselho Acadêmico
Ataliba Teixeira de Castilho
Carlos Eduardo Lins da Silva
Carlos Fico
Jaime Cordeiro
José Luiz Fiorin
Tania Regina de Luca

Proibida a reprodução total ou parcial em qualquer mídia
sem a autorização escrita da editora.
Os infratores estão sujeitos às penas da lei.

A Editora não é responsável pelo conteúdo deste livro.
O Autor conhece os fatos narrados, pelos quais é responsável,
assim como se responsabiliza pelos juízos emitidos.

Consulte nosso catálogo completo e últimos lançamentos em **www.editoracontexto.com.br**.

COMO INGRESSAR NA PÓS-GRADUAÇÃO

Orientações e dicas
para escolher o curso certo
e ser selecionado

RENATO FALCÃO DANTAS

Copyright © 2023 do Autor

Todos os direitos desta edição reservados à
Editora Contexto (Editora Pinsky Ltda.)

Foto de capa
Henry Be em Unsplash

Montagem de capa e diagramação
Gustavo S. Vilas Boas

Preparação de textos
Lilian Aquino

Revisão
Erika Alonso

Dados Internacionais de Catalogação na Publicação (CIP)

Dantas, Renato Falcão
Como ingressar na pós-graduação : orientações e dicas
para escolher o curso certo e ser selecionado / Renato
Falcão Dantas. – São Paulo : Contexto, 2023.
128 p.

ISBN 978-65-5541-376-2

1. Universidades e faculdades – Pós-graduação
I. Título

23-4846   CDD 378.81

Angélica Ilacqua – Bibliotecária – CRB-8/7057

Índice para catálogo sistemático:
1. Universidades e faculdades - Pós-graduação

2023

EDITORA CONTEXTO
Diretor editorial: *Jaime Pinsky*

Rua Dr. José Elias, 520 – Alto da Lapa
05083-030 – São Paulo – SP
PABX: (11) 3832 5838
contato@editoracontexto.com.br
www.editoracontexto.com.br

Aos meus queridos irmãos, Flávio e Beatriz,
que serviram de inspiração para a escrita deste livro.

Sumário

Prefácio 9

PREPARAÇÃO PESSOAL PARA CURSAR UMA PÓS-GRADUAÇÃO 11

Formação básica na área do curso 13

Formação complementar 15

Dedicação necessária 16

Disposição para estudar 18

Recursos financeiros 19

Disponibilidade e novos idiomas 21

ESCOLHENDO O TIPO DE CURSO 23

Mestrado, doutorado, especialização ou MBA? 24

Cursos com ensino a distância (EaD) 26

ESCOLHENDO A INSTITUIÇÃO DE ENSINO SUPERIOR (IES) 29

Tipos de IES 30

Os pilares do ensino superior 31

Quanto mais complexa, mais completa! 34

Características desejáveis em uma IES 39

Índices de qualidade 43

IES pública ou privada? 46

O PROCESSO SELETIVO DE INGRESSO 51

Conhecendo o processo seletivo...... 52

Preparando o currículo...... 53

Escolhendo o orientador...... 59

O projeto de pesquisa 71

Prova escrita 94

Realizando a entrevista...... 97

Recomendações adicionais...... 105

PÓS-GRADUAÇÃO NO EXTERIOR...... 109

Estudar no exterior...... 110

O momento correto 110

Tipos de curso 114

Escolha do país...... 116

Preparação pessoal 119

Bolsa de estudo no exterior 121

EaD no exterior 124

O autor...... 127

Prefácio

Um curso de pós-graduação é, sem dúvida, um passo importante na formação profissional. São muitas as pessoas que desejam aprofundar seus conhecimentos e conseguir um diploma de pós-graduação. Entretanto, esse sonho pode ser adiado, ou até interrompido, devido às dificuldades relacionadas ao processo seletivo de ingresso.

Alguns programas de pós-graduação em instituições de ponta apresentam processos seletivos bastante rígidos, sendo poucos os alunos que conseguem vencer essa barreira e ingressar no curso pretendido. A dificuldade de ingresso aumenta quando os candidatos desconhecem as particularidades do processo seletivo. Duvidas a respeito da elaboração do projeto de pesquisa, sobre a preparação para prova teórica e sobre a entrevista são comuns entre os candidatos.

Este livro foi escrito com o intuito de ajudar os candidatos a pós-graduandos a escolherem o curso de pós-graduação que mais se adapte às suas necessidades, além de fornecer bases para a preparação para o processo seletivo de ingresso. Os capítulos deste livro tratam desde temas básicos como a escolha do tipo de pós-graduação e da instituição de ensino, até detalhes técnicos como a escrita do projeto de pesquisa para o ingresso em cursos de pós-graduação. E caso o sonho do aluno seja cursar uma pós-graduação no exterior, apresentamos um capítulo dedicado às particularidades desse tipo de formação.

PREPARAÇÃO PESSOAL PARA CURSAR UMA PÓS-GRADUAÇÃO

Qual é a melhor etapa da carreira para realizar um curso de pós-graduação?

A melhor época é, sem dúvida, aquela em que o aluno dispõe de tempo para se dedicar aos estudos avançados em uma determina área. No caso de cursos de mestrado e doutorado, essa época pode coincidir com o final do período de graduação. Entretanto, no caso de especializações e, principalmente MBAs, os alunos podem se sentir mais preparados para realizar o curso e aproveitar melhor os novos conhecimentos quando já possuem experiência profissional na área.

O sonho de cursar uma pós-graduação desperta muitos questionamentos nos candidatos, a maioria deles inerentes ao curso em si. Surgem dúvidas sobre a utilidade do curso na carreira profissional, sobre a dificuldade do conteúdo, sobre a duração dos cursos etc. Entretanto, existe uma variável igualmente importante e que deve ser levada em consideração pelos candidatos quando cogitarem realizar esse tipo de curso: a condição pessoal do candidato no momento de ingresso no curso. Caso o candidato não esteja preparado para enfrentar um curso de pós-graduação, a sua experiência pode não ser como imaginada, e a oportunidade tão esperada pode ser desperdiçada.

Além de conhecer os tipos de curso de pós-graduação existentes e as características das instituições que os oferecem, é desejável que o candidato conheça também o que cada tipo de pós-graduação exige do aluno. Essa compreensão ajudará o candidato a realizar uma autoavaliação e decidir se sua condição atual permite uma dedicação adequada ao curso pretendido.

Observar as características pessoais de cada um é importante na hora de escolher uma pós-graduação, já que o sucesso do processo de ensino e aprendizagem depende de uma boa adaptação do aluno ao curso. Além disso, o curso escolhido deve atender às expectativas do aluno para a sua formação. Se isso ocorrer, é provável que se alcance uma satisfação com o conhecimento adquirido. Mas a adaptação dos alunos aos cursos de pós-graduação, assim como a manutenção do interesse ao longo do curso, não dependem apenas da estrutura do curso e da dedicação de seus professores. Grande parte do êxito no processo de aprendizagem está relacionada na relação entre as exigências do curso e as características pessoais dos alunos. Em resumo, *é importante que o curso escolhido atenda às expectativas do aluno e que, ao mesmo tempo, o aluno atenda às expectativas do curso escolhido.*

Existem alguns requisitos pessoais e profissionais desejáveis para que se possa cursar adequadamente um curso de pós-graduação. Esses requisitos são, por vezes, características momentâneas na vida de uma pessoa, que podem estar presentes em um determinado período da vida e, em outro, não. Alguns requisitos são fáceis de obter com alguma preparação previa ou planejamento, por isso, é importante a escolha do momento certo na carreira para ingressar em um curso de pós-graduação. A falta de algum requisito importante pode inviabilizar ou, no mínimo, aumentar as dificuldades de realização do curso.

A seguir listaremos e comentaremos alguns dos principais requisitos pessoais a serem analisados pelo candidato antes de tomar a decisão sobre ingressar em um curso de pós-graduação.

FORMAÇÃO BÁSICA NA ÁREA DO CURSO

Ao se tratar de estudos avançados, espera-se que o aluno tenha a capacidade de entender e aprender o que será ensinado. Para isso, o aluno deve possuir o mínimo de formação básica na área do curso de pós-graduação. É comum ingressar em cursos de pós-graduação relacionados à área de formação universitária e/ou de atuação. Será difícil encontrar um aluno com graduação universitária em Direito realizando uma pós-graduação em Enfermagem e ter sucesso no processo de aprendizagem, pois certamente não terá os conhecimentos básicos da área de saúde para poder acompanhar estudos avançados. Muitos cursos de pós-graduação limitam o ingresso a alunos com formação relacionada à área do curso. Essa é uma maneira de assegurar um público com capacidade de entender o conteúdo do curso. Nesse caso, a comprovação é feita, basicamente, com o certificado do curso de graduação.

Existe, entretanto, uma situação um pouco mais complicada que a descrita anteriormente. Digamos que um aluno possua graduação em Ciências Biológicas e queira realizar uma pós-graduação na área de Medicina ou Enfermagem. São áreas relacionadas, existindo tanto conteúdos em comuns, quanto conteúdos diferentes. Considerando o fato de que alguns cursos de pós-graduação limitam o ingresso a alunos com formação na área do curso ou em "áreas relacionadas à área do curso", a decisão de ingresso no curso depende de uma avaliação individual do candidato sobre suas possibilidades. Caso se depare com situação similar, o candidato deve realizar uma autoavaliação e observar se tem condições de acompanhar o curso pretendido com os conhecimentos que tem.

O próprio termo "formação em área relacionada" pode gerar dúvidas nos candidatos. Existem casos em que a relação é clara, como, por exemplo, um candidato que possui graduação em Matemática tentar o ingresso em uma pós-graduação em Estatística. Porém, caso o mesmo candidato tentasse ingressar em uma pós-graduação em Física, poderia existir uma dúvida no próprio candidato se a sua formação está mesmo relacionada e lhe fornece condições de acompanhar o curso de pós-graduação. Geralmente, a secretaria de pós-graduação fornece informações sobre quais áreas são relacionadas ou não ao curso de pós-graduação cujo ingresso está aberto. Em caso de dúvida, o coordenador do curso de pós-graduação ou uma comissão nomeada por ele decide se a área de formação do candidato pode ou não ser considerada adequada para o curso em questão. Entretanto, o aluno deve ter em mente que a formação na área é requisitada para que se possa comprovar o conhecimento do candidato no tema. Em alguns casos, o aluno pode ter a capacidade de cursar uma pós-graduação em área pouco relacionada à sua área de graduação, seja devido ao esforço em aprender desprendido durante o curso ou por ter adquirido, por outras vias, o conhecimento básico necessário para realizar o curso, por exemplo, em trabalhos anteriores ou por estudos como autodidata. É importante salientar que, nesse caso específico, mesmo o candidato estando convicto de que tem conhecimento para acompanhar o curso, só será permitido o seu ingresso se o seu diploma de graduação em área relacionada for aceito pela secretaria do programa de pós-graduação para o ingresso no curso.

Vale lembrar que, seja qual for o caso, o aluno com formação em área diferente ou pouco relacionada à área do curso de

PREPARAÇÃO PESSOAL PARA CURSAR UMA PÓS-GRADUAÇÃO

pós-graduação pretendido necessitará realizar um esforço adicional para acompanhar o curso. Somente o candidato terá condições de avaliar se vale a pena o esforço para o ingresso em área relacionada e, principalmente, se possui condições intelectuais de participar de estudos avançados em uma determinada área de estudo.

FORMAÇÃO COMPLEMENTAR

Alguns cursos de pós-graduação, sobretudo aqueles com grande concorrência, apresentam exigências adicionais à formação na área para o ingresso de alunos. Essa qualificação complementar exigida, ou recomendada, varia desde certo conhecimento teórico ou prático em algum ramo da área de estudo, até o domínio de idiomas. Cursos de mestrado e doutorado, por exemplo, valorizam bastante o ingresso de alunos que possuam conhecimento prévio em pesquisa (experiência como pesquisador durante a graduação) e, sobretudo, o conhecimento de idiomas, em particular da língua inglesa. Especializações do tipo MBAs (do inglês *Master in Business Administration*), em geral, valorizam experiência laboral e estágios em empresas, cargos de gestão etc.

Essa formação complementar é exigida, pois, assim como a formação básica na área, ela é importante para o processo de aprendizagem; sem esses requisitos, o andamento do curso pode ser dificultado. Um exemplo, como já mencionado, é a necessidade de conhecimento de língua estrangeira para o ingresso em cursos de mestrado e doutorado. Dependendo da área, boa parte do material de estudo pode se encontrar em idioma estrangeiro, principalmente em inglês. Caso o aluno não possua um nível adequado para poder ler, escrever e até se comunicar em língua estrangeira, terá o seu aprendizado limitado por deficiência em uma formação complementar. Mesmo que o aluno seja formado na área do curso de pós-graduação e com bastante experiência na área, terá dificuldade para acompanhar o curso por falta de outros conhecimentos necessários. O mesmo pode acontecer com a falta de experiência em posições e chefia e gestão no caso de aluno de curso de MBAs. Se esses alunos não possuírem um conhecimento prévio dos processos administrativos das empresas, eles não terão a mesma experiência no aprendizado com relação a alunos que ocupam ou ocuparam funções em que os conhecimentos do curso podem ser aplicados.

O leque de conhecimentos específicos necessários para ingresso em cursos de pós-graduação pode variar dependendo da área. E cabe ao candidato analisar se possui tais conhecimentos antes de decidir ingressar em um curso de pós-graduação. Saber previamente desses requisitos ajuda também no processo de seleção, pois ainda que não possuam os conhecimentos complementares, os candidatos podem se preparar antes e, assim, estarem mais bem capacitados para o processo de ingresso.

DEDICAÇÃO NECESSÁRIA

Em geral, a possibilidade de realizar um curso de pós-graduação ocorre após a conclusão de um curso superior, ou seja, em uma etapa em que os alunos já se encontram, no mínimo, com uma idade próxima dos 22 anos. Quando os alunos são provenientes do mercado de trabalho e não recém-formados, essa idade pode chegar perto dos 30 ou 40 anos. Isso significa que muitos dos candidatos a pós-graduandos possuem diversas outras responsabilidades que os impedem de dedicar tempo integral, ou até mesmo tempo parcial, a um curso de pós-graduação. É preciso que o candidato entenda que esse tipo de formação demanda muitas horas de estudo e, dependendo da área, comporta também uma parte experimental, de coleta de dados etc.

Devido ao fato de que muitas pessoas que desejam realizar um curso de pós-graduação já se encontram inseridas no mercado de trabalho, alguns pretendem realizar a pós-graduação ao mesmo tempo em que trabalham. Trabalhar em tempo integral e realizar um curso de pós-graduação concomitantemente pode ser uma tarefa difícil, pois o tempo de dedicação ao curso se torna escasso, prejudicando assim o processo de ensino/aprendizagem, além de poder causar estresse no aluno por não conseguir as metas previamente definidas.

Dispor de pouco tempo para realizar um curso de pós-graduação, principalmente cursos de mestrado e doutorado, pode atrapalhar, ou até inviabilizar, a realização do curso. Por outra parte, a maioria dos cursos de especialização e MBAs, devido aos seus objetivos de apenas transmitir conhecimento específico de uma área aos alunos, são desenhados para que o aluno possa estudar à noite ou aos finais de semana. Entretanto, quando nos referimos a cursos de mestrado e doutorado, os objetivos são um pouco diferentes. Além de aprender conhecimentos avançados na sua área, o aluno deve dedicar grande parte do seu tempo para a realização da pesquisa científica proposta. A pesquisa científica exige muito tempo para que o aluno possa estar sempre atualizado e capaz de produzir conhecimento. Nesse último caso, o ideal seria a dedicação em tempo integral, principalmente nas áreas de ciências experimentais, como áreas tecnológicas, exatas, saúde etc.

Começar um curso de mestrado ou doutorado sem ter tempo suficiente para se dedicar não é uma boa estratégia de formação e pode levar ao mau desempenho, à frustação e ao abandono do curso. É recomendável que os candidatos avaliem bem sua situação pessoal de disponibilidade de tempo antes de embarcar em cursos de pós-graduação que exigem, na prática, dedicação integral. Na dúvida sobre a necessidade de dedicação de tempo integral para o curso pretendido, consulte o coordenador do curso ou seu futuro orientador. Eles certamente irão fornecer essa informação, além de outras necessárias para uma boa preparação pessoal para o ingresso no curso.

DISPOSIÇÃO PARA ESTUDAR

O candidato a estudante de pós-graduação precisa entender que se trata de cursos de estudos avançados em um determinado tema. Isso significa que a exigência, em termos de aprendizado de conteúdo aprofundado com consequente demanda por muitas horas de estudo, é um fato a ser enfrentado. Em geral, os cursos de pós-graduação esperam que os alunos dominem o conhecimento básico aprendido na graduação para que o processo de aprendizagem do conteúdo avançado nas aulas da pós-graduação seja eficiente. Caso o aluno tenha deficiência em temas básicos da sua área, terá que aprendê-los para poder acompanhar adequadamente as aulas na pós-graduação, gerando ainda mais conteúdo a ser aprendido.

Outra característica que deve ser mencionada é a maior exigência dos cursos de mestrado e doutorado com relação às especializações e MBAs. Nos cursos de especialização existe um roteiro e um conteúdo a ser ensinado ao aluno que, por sua vez, para ser considerado aprovado como especialista precisa se apropriar do conhecimento avançado considerado suficiente pelos professores. Isso faz com que os estudantes de cursos de pós-graduação na modalidade especialização e MBAs tenham que focar seus estudos apenas no aprendizado do conteúdo programático das disciplinas. Nos cursos de mestrado e doutorado, o objetivo principal é, além do aprendizado de conteúdo avançado durante as disciplinas, o aprendizado do método científico e principalmente a produção de conhecimento novo na área. Para conseguir completar esse tipo de curso com sucesso, os alunos precisam dedicar muitas horas de estudo, leitura de publicações científicas, além da realização de trabalhos práticos e/ou coletas de dados. Conhecimentos avançados de metodologia científica também precisam ser aprendidos, como amostragem, coleta e tratamento de dados e a escritura de textos científicos. O desconhecimento da dinâmica dos cursos de mestrado e doutorado, por parte dos alunos, pode levar também a conflitos entre os alunos e seus orientadores (figura essencial para que se possa cursar mestrados e doutorados).

Antes de ingressar em cursos de pós-graduação, é importante ter uma noção da carga de estudo que cada curso necessita para ser completado. Dessa maneira, o aluno pode fazer uma avaliação geral da sua disposição de estudar e decidir adequadamente o momento para realizar o curso e, assim, poder aproveitar plenamente esse período da sua formação.

RECURSOS FINANCEIROS

Duas perspectivas devem ser levadas em consideração nesse quesito. A primeira delas é sobre o valor das mensalidades dos cursos de pós-graduação. Nesse sentido, é fácil entender que um aluno só poderá se matricular em um curso que consiga pagar. Essa é uma real limitação de muitos candidatos, infelizmente. No caso do aluno estar interessado em realizar uma pós-graduação em instituições públicas, os cursos de mestrado e doutorado são oferecidos gratuitamente. Porém, alguns cursos de especialização são pagos, mesmo em instituições públicas. A segunda perspectiva está relacionada com a renda para se manter durante os cursos que exigem dedicação integral. Pois, como já mencionado anteriormente, os cursos de mestrado e doutorado, por exemplo, exigem uma grande dedicação do aluno e, em muitos casos, só podem ser adequadamente cursados em dedicação integral.

Ao se deparar com esse tipo de situação, ou seja, ter a possibilidade de cursar uma pós-graduação gratuitamente, mas que exige dedicação integral, o aluno que necessita trabalhar para sobreviver se coloca em um difícil dilema. Tal dilema se refere a ter a possibilidade de realizar a pós-graduação desejada sem custos, mas não ter uma renda mensal para se manter por não ter disponibilidade para trabalhar. Cursar uma pós-graduação que, possivelmente, deixará o aluno sem renda durante todo o período do curso é, em geral, uma escolha difícil para pessoas que necessitam uma renda mensal para sobreviver. Outra situação similar é quando o aluno já trabalha e se depara com a possibilidade de realizar um curso gratuito, mas com necessidade de dedicação integral. Nesse caso, o aluno terá que decidir entre deixar o trabalho para cursar a pós-graduação ou desistir do curso. Essa é uma barreira comum para muitos alunos, principalmente os que pleiteiam realizar cursos de mestrado e doutorado.

O problema da falta de renda de alunos durante cursos de pós-graduação que exigem dedicação integral é resolvido, em alguns casos, com o pedido de bolsas de estudo. Essas bolsas são, em geral, fornecidas pelo governo aos alunos para que eles possam cursar uma pós-graduação com dedicação exclusiva ao curso (no Brasil, a maioria dessas bolsas são para os cursos de mestrado e doutorado). E como se pode imaginar, devido à alta demanda por essas bolsas, elas são dadas apenas aos mais bem colocados nos processos seletivos de ingresso. Essa situação coloca o processo seletivo de ingresso em cursos de pós-graduação não apenas como uma maneira de ingressar no curso, mas também como uma forma de conseguir uma bolsa de estudo para poder realizar o curso pretendido com dedicação integral.

Os cursos de especialização e MBAs têm, geralmente, uma grade de disciplinas em horários que permitem que os alunos possam trabalhar enquanto realizam o curso. Sem ter o problema da dedicação integral, a questão financeira estará centrada apenas no valor da mensalidade do curso. E como já mencionado antes, o aluno só poderá cursar uma pós-graduação que possa pagar. Felizmente, hoje em dia existe uma oferta muito grande de cursos de pós-graduação devido ao crescimento do número de institui-ções de ensino superior nos últimos anos. A diversidade na oferta também vem acompanhada com a diversidade de preços, cabendo ao aluno a decisão sobre se tem ou não condições financeiras de cursar a pós-graduação que deseja.

Toda a questão de limitação financeira aqui descrita, obvia-mente, não se aplica a pessoas que possuem condições financeiras de cursar uma pós-graduação sem se preocupar com os preços das mensalidades ou de se manter sem renda em um curso que exige dedicação integral.

DISPONIBILIDADE E NOVOS IDIOMAS

Esses requisitos estão presentes principalmente nos cursos de mestrado e doutorado. Alunos que trabalham na produção de conhecimento precisam rapidamente se acostumar com a velocidade da produção científica, com o processo de publicação e com o compartilhamento e a verificação de informação entre pesquisadores. O aprendizado de idiomas, sobretudo da língua inglesa, é uma ferramenta importante para esses fins, pois possibilita a leitura e escrita de textos científicos para serem apresentados a pesquisadores estrangeiros.

É comum encontrar livros didáticos usados em cursos de pósgraduação em inglês ou em outra língua estrangeira; além disso, são muitos os artigos científicos publicados em inglês e outras línguas. Alunos de mestrado e doutorado corriqueiramente escreverão resumos, artigos e até projetos de pesquisa em inglês. O aprendizado da língua inglesa e, possivelmente, de algum outro idioma deve estar presente nos planos de possíveis alunos de pósgraduação. As viagens para compartilhamento de conhecimento em congressos científicos internacionais e visitas a instituições científicas no exterior também exige o uso de outros idiomas. Caso o aluno não possua um bom conhecimento de idiomas, pode perder diversas oportunidades, além de ter seu aprendizado um pouco limitado. Vale lembrar também que alunos de pós-graduação rotineiramente precisam viajar para participar de atividades científicas relacionadas com o seu curso, como reuniões, congressos, treinamentos ou coleta de dados. A disponibilidade para viajar e apresentar trabalhos científicos, seja no Brasil ou no exterior, é uma necessidade presente em muitos cursos de pós-graduação.

ESCOLHENDO O TIPO DE CURSO

Qual é o melhor curso de pós-graduação: especialização, MBA, mestrado ou doutorado?

O melhor curso é aquele que fornece a formação adequada para cada perfil de aluno. No caso de pessoas que desejam seguir a vida acadêmica ou trabalhar com inovação em empresas de base tecnológica, os cursos de mestrado e doutorado serão adequados. Os cursos de especialização atenderão profissionais que desejam aprofundar os seus conhecimentos em uma determinada área. Alunos que atuam ou desejam atuar em cargos de gestão coorporativa, devem considerar os cursos de MBA, pois eles são elaborados especificamente para esse objetivo.

O período da graduação na vida de um estudante é marcado por muita dedicação e esforço. E esse esforço muitas vezes vem acompanhado de um desejo de finalizar o curso para receber o diploma universitário e, finalmente, entrar no mercado de trabalho. Porém, alguns alunos, ao terminarem essa etapa, consideram a possibilidade de continuar os estudos em cursos de pós-graduação para que possam estar mais preparados e titulados e, assim, concorrer a melhores cargos. Como a oferta e diversidade desses cursos é grande, é importante entender o que um curso de pós-graduação pode oferecer e principalmente se o tipo de curso escolhido se encaixa nas expectativas do aluno. Esse entendimento ajudará o aluno a tomar a melhor decisão sobre o tipo de curso, dando instrumentos para que ele julgue se fornece ou não a formação adequada para o desenvolvimento de sua carreira profissional.

MESTRADO, DOUTORADO, ESPECIALIZAÇÃO OU MBA?

Ao decidir cursar uma pós-graduação, o aluno será apresentado a diversos tipos de cursos, com nomes, formatos e cargas horárias diversas. A falta de entendimento sobre as diferentes modalidades de pós-graduação existentes no Brasil pode levar o aluno ao pensamento errôneo de que esses cursos são equivalentes, pois todos fornecem um diploma de pós-graduação. Na verdade, cada um tem uma formação específica e uma finalidade.

Os cursos de pós-graduação no Brasil estão classificados em dois grandes grupos: os de *lato sensu* (do latim, que significa "sentido amplo"), que são os cursos de especialização (incluindo os MBAs), e os de *stricto sensu* (do latim, que significa "sentido estrito"), que são os cursos de mestrado e doutorado. Os objetivos e a finalidade desses dois grupos são simples de entender. Enquanto os cursos *lato sensu* estão focados no ensino de conteúdo avançado aos alunos para que eles possam desempenhar melhor uma função em uma determinada área de estudo, os cursos *stricto sensu* estão focados na produção de conhecimento por meio de desenvolvimento de pesquisas científicas. Com esse raciocínio em mente é fácil entender se o curso que o aluno está planejando realizar será mesmo útil para a sua carreira. É também evidente que uma decisão equivocada nessa etapa da formação do aluno pode gerar prejuízos tanto econômicos quanto profissionais, já que se perde um tempo precioso no início de carreira em uma formação inadequada. Por outro lado, a escolha correta do curso de pós-graduação fornecerá o conhecimento e o título necessários para que se possa conseguir o emprego desejado.

Em geral, cursos de mestrado e doutorado formam mão de obra qualificada para o mundo acadêmico e para empresas de base tecnológica, enquanto cursos de especialização formam profissionais com conhecimento aprofundado para o desempenho de uma determinada tarefa, que serão possivelmente profissionais atrativos para empresas da área. Se o estudante pensa em seguir carreira na área acadêmica, será indispensável o título de mestre e possivelmente o de doutor. Por outro lado, esses títulos seriam desnecessários em muitas profissões se o objetivo for apenas aprender uma nova técnica ou ter mais conhecimento teórico em uma determinada área. Nesse caso, uma especialização seria o curso adequado. No caso de profissionais com forte vocação e direcionamento profissional para o mundo coorporativo e com a possibilidade de assumir cargos de chefia, os cursos de MBA seriam os mais indicados.

Antes de ingressar em um curso de pós-graduação, o aluno deve refletir sobre as suas preferências para o seu futuro profissional e, sobretudo, relacionar suas pretensões futuras com o tipo de curso de pós-graduação pretendido. Para realizar a escolha correta do curso de pós-graduação a ser cursado, o aluno pode listar dentro da sua área de atuação quais as possíveis ou desejáveis posições ele poderia ocupar no futuro, fazendo uma pesquisa sobre as formações necessárias e desejáveis para os profissionais da área. Esse exercício pode ajudar a escolher o curso perfeito e, dessa forma, dar um grande impulso na carreira por meio da obtenção de um diploma de pós-graduação adequado.

CURSOS COM ENSINO A DISTÂNCIA (EaD)

Uma opção de formação que vêm ganhando bastante aderência nos últimos anos são os cursos com ensino a distância (EaD). E no caso dos cursos de pós-graduação, principalmente com relação às especializações e aos MBAs, a oferta é muito variada. Mas antes de ingressar nesse tipo de curso, é importante que o aluno conheça bem suas características para saber se o formato do curso pretendido atende às suas expectativas e ele se adaptará a esse tipo de formação.

Os cursos EaD oferecem a oportunidade de os alunos realizarem seus estudos, ou pelo menos grande parte deles, no conforto da sua casa, sem a necessidade de gastar tempo e recursos financeiros com deslocamentos, além de proporcionarem, em muitos casos, aulas gravadas que podem ser visualizadas mais de uma vez. Entretanto, a dinâmica desses cursos é muito particular e deve ser entendida pelos alunos que desejam realizar um curso de pós-graduação EaD. A escolha desse tipo de curso deve ser feita levando-se em conta a capacidade do aluno de acompanhar devidamente o curso. Ao não ter o contato pessoal com o professor em uma sala de aula, *o aluno assume grande parte do comando e da responsabilidade pelo processo de aprendizagem*. Em um curso presencial, o professor, além de ensinar, também indica o caminho e o ritmo do aprendizado do conteúdo. O contato pessoal constante com o professor e com os demais alunos da sala estimula os alunos a estarem sempre atentos ao processo de aprendizagem e, sobretudo, às avaliações. Em um curso a distância, o sucesso do aprendizado depende exclusivamente da motivação e do interesse do aluno. Quem é professor há muitos anos sabe que uma das funções mais importantes do professor é a motivação constante dos alunos para que eles não se dispersem e mantenham o foco. Não é raro encontrar alunos que começam esses cursos e rapidamente perdem a motivação para seguir com as aulas e os exercícios on-line. Outro aspecto importante é o nível de cobrança desse tipo de curso. A realização de avaliações sobre a vigilância de um professor é bastante distinta da realização de avaliações em casa, onde a única vigilância existente é aquela exercida pela consciência de cada um.

Em resumo, a decisão sobre fazer ou não uma pós-graduação EaD deve ser tomada com base nas características pessoais do aluno. Alunos pouco focados, indisciplinados e aqueles que precisam sempre de ajuda no processo de aprendizagem, em geral, não aproveitam bem o conhecimento oferecido pelos cursos EaD. Por outra parte, alunos independentes, curiosos e motivados costumam ter nesses cursos uma interessante alternativa para realizar uma pós-graduação.

ESCOLHENDO A INSTITUIÇÃO DE ENSINO SUPERIOR (IES)

Qual é a melhor instituição para cursar o meu curso de pós-graduação?

Depende da área de estudo. Uma IES pode ter vários programas de pós-graduação em diferentes áreas e com diferentes qualidades. No caso de cursos stricto sensu, *cada programa possui uma nota individual na Coordenação de Aperfeiçoamento de Pessoal de Nível Superior (Capes) dependendo do seu desempenho, que é avaliado periodicamente. No caso de cursos* lato sensu, *é importante verificar se ele é reconhecido pelo MEC e a sua reputação perante a comunidade acadêmica.*

TIPOS DE IES

Após decidir em que tipo de curso de pós-graduação o aluno deseja ingressar para fortalecer a sua carreira, o passo seguinte será decidir em qual instituição de ensino superior (IES) se matricular. É importante lembrar que nem sempre é possível realizar essa escolha, já que, às vezes, o curso desejado é ofertado por apenas uma instituição na região em que o aluno reside. Entretanto, caso o aluno resida em um grande centro urbano, onde haja oferta de diferentes instituições ou tenha recursos financeiros e disponibilidade para cursar uma pós-graduação em outra cidade, vale a pena dedicar tempo para conhecer os diferentes tipos de IES e como cada um deles pode influenciar na formação do aluno.

A importância de conhecer os tipos de IES existentes no Brasil reside no fato de que, dependendo do tipo de instituição escolhida, o aluno terá diferentes experiências durante a sua formação na pós-graduação. Por isso, vale a pena conhecer a estrutura das instituições disponíveis para que a experiência obtida corresponda às expectativas do aluno.

Começando pelo básico, é importante saber que um curso de pós-graduação será obrigatoriamente ofertado por uma IES, ou seja, as mesmas instituições que ofertam os cursos de graduação. No Brasil, as IES são classificadas quanto à sua fonte de ingresso financeiro em: instituições públicas e privadas. As públicas podem ser federais, estaduais ou municipais. Enquanto as instituições privadas podem ser com ou sem fins lucrativos. No Brasil, temos ainda IES que diferem em sua estrutura didático-administrativa, que por sua vez tem forte influência na gama de atividades desenvolvidas pela IES, na infraestrutura necessária para o seu funcionamento e também na formação de seus professores.

Quanto à estrutura didático-administrativa, as IES podem ser classificadas como faculdades, centros universitários e universidades. Sendo as faculdades as IES mais simples e as universidades as que contam com a estrutura mais complexa. Uma instituição pode começar como faculdade, depois evoluir administrativamente para centro universitário, até finalmente tornar-se uma universidade. Isso é o que normalmente ocorre durante os longos anos de funcionamento de uma IES. As mais jovens tendem a ter uma estrutura mais simples, enquanto instituições antigas costumam ter estruturas complexas. Existem ainda no Brasil os cursos oferecidos pelos Institutos Federais (IF), que são instituições públicas especializadas no ensino profissional e tecnológico, mas que também podem oferecer cursos de graduação e pós-graduação.

Como acabamos de perceber, nem todas as IES que oferecem cursos de pós-graduação são iguais. Neste capítulo, iremos focar as nossas discussões nas diferenças que podem ter alguma influência na experiência dos alunos durante a realização de seu curso de pós-graduação. Mas antes de começar a tratar das diferenças entre as IES, o aluno precisa compreender quais são as principais atividades realizadas dentro de uma IES e como cada atividade pode influenciar na sua experiência e na sua formação durante o curso.

OS PILARES DO ENSINO SUPERIOR

Ensino: A maior missão de qualquer IES é o ensino, e todas as estruturas existentes de IES são obrigadas a desempenhá-lo com excelência. Não importa se tratamos de uma faculdade, centro universitário, universidade ou IF, as atividades de ensino sempre existirão e terão as mesmas finalidades, que é a formação dos alunos em temas essenciais para a sua profissão. Todos os alunos terão a experiência de ter aulas, fazer provas, estudar em grupo etc. em quaisquer das IES citadas.

Apesar de estarmos tratando, neste livro, de cursos de pós-graduação, caso o aluno queira ter uma noção sobre a qualidade do ensino de graduação proporcionado pela IES selecionada, existe no Brasil uma avaliação dos cursos superiores oferecidos por IES. Essa avaliação é feita pelo Instituto Nacional de Estudos e Pesquisas Educacionais Anísio Teixeira, o Inep. Nessa avaliação, os cursos superiores são analisados periodicamente e são atribuídas notas de 2 a 5 (sendo 2 a mais baixa e 5 a melhor avaliação). É importante conhecer a nota dos cursos de graduação da instituição na qual o aluno deseja ingressar, pois muitos quesitos, não só acadêmicos, mas também de infraestrutura são avaliados. Assim, o aluno poderá ter uma ideia da excelência do ensino na instituição em determinada área, que começa na graduação e certamente irá refletir nos cursos de pós-graduação.

Pesquisa: As atividades de pesquisa são complementares às atividades de ensino e a sua existência em uma IES fortalece bastante as atividades de ensino e, consequentemente, a experiência adquirida pelos alunos ao final do curso. Enquanto as atividades de ensino têm o objetivo de transferir para o aluno o conhecimento existente em uma determinada área, a pesquisa busca a produção de novos conhecimentos. Esse novo conhecimento gerado é rapidamente absorvido pelos alunos que o produziram e disseminado na instituição e fora dela por meio de publicações, palestras, *workshops* etc. Em geral, esse conhecimento também é publicado em revistas científicas para que fique disponível para a comunidade acadêmica depois de uma série de verificações dentro do chamado método científico. E grande parte desse conhecimento gerado na pesquisa será transformada posteriormente em novo material didático em uma determinada área.

Estudar em uma instituição que realiza pesquisa científica sistematicamente e ter a oportunidade de participar de sua realização tem o potencial de fornecer ao aluno muitas habilidades, além da apropriação do conhecimento produzido. Entre essas habilidades podemos citar o *pensamento crítico, a capacidade de trabalhar em grupo, liderança, habilidades de comunicação, senso de responsabilidade, atitude criteriosa* etc. É recomendável que pelo menos uma vez em sua formação, seja na graduação ou pós-graduação, os alunos

ESCOLHENDO A INSTITUIÇÃO DE ENSINO SUPERIOR (IES)

participem diretamente de atividades de pesquisa. O próprio entendimento do método científico pode ser um diferencial positivo para o desenvolvimento profissional.

Extensão: Como o seu próprio nome sugere, as atividades de extensão visam estender a atuação da IES para além de seus muros, expandindo os conhecimentos que domina diretamente na sociedade. Existem diversos tipos de atividades de extensão, as mais comuns são o oferecimento de cursos ou oficinas para a comunidade. Existe também a atuação de professores e alunos das IES em conselhos municipais, na realização de atividades sociais e culturais, além de consultorias para empresas, indústrias etc. As atividades de extensão não apenas disponibilizam o conhecimento da IES de maneira simples para a comunidade, elas também fornecem uma preciosa oportunidade aos alunos para que possam ter a experiência de servir a sociedade, colocando em prática a sua formação. Esse conhecimento prático de transferência de conhecimento para a sociedade constitui uma boa complementação às atividades de ensino e pesquisa e é bastante recomendada para a formação dos alunos, em todos os níveis.

Ensino, pesquisa e extensão são os três pilares do ensino superior, mas em alguns casos, as IES desempenham outras atividades que podem enriquecer a formação dos alunos, caso eles tenham a oportunidade de participar delas. Uma que merece ser mencionada é a atividade de *assistência*, em que profissionais da IES realizam algum tipo de assistência ou serviço à sociedade. Esse tipo de atividade é muito comum em IES que atuam na área da saúde, por exemplo. Quem nunca entrou em um hospital universitário e encontrou estudantes da área de saúde participando do atendimento de pacientes? Esse é um exemplo clássico de atividade de assistência. Esse tipo de atividade, assim como as atividades de extensão, enriquecem o aprendizado prático e a experiência dos alunos. Os alunos de uma IES que presta assistência à sociedade estão se formando ao mesmo tempo em que aprendem, na prática, algumas profissões. Outro exemplo clássico são algumas IES que atuam na área de Direito, que prestam serviços jurídicos à sociedade, enquanto formam os seus alunos.

QUANTO MAIS COMPLEXA, MAIS COMPLETA!

As IES brasileiras apresentam diferentes estruturas didático-administrativas, e como já foi comentado antes, essa estrutura pode influenciar no tipo de experiência que o aluno terá em seu curso de pós-graduação. Desde sua estrutura mais simples, como no caso das faculdades, até a estrutura mais complexa, como no caso das universidades, as IES possuem requisitos mínimos de funcionamento segundo a legislação brasileira. O entendimento desses requisitos certamente ajudará na decisão o tipo de instituição que o aluno busca para realizar o seu curso de pós-graduação. Nessa seção, iremos apresentar as principais diferenças entre as IES no que diz respeito aos requisitos mínimos de funcionamento. Mas vale lembrar que esses são "requisitos mínimos" e, portanto, qualquer IES pode ter uma estrutura mais complexa do que aquela determinada para o seu funcionamento. As principais estruturas de IES, juntamente com alguns requisitos mínimos de funcionamento, são apresentados a seguir.

Faculdades: As faculdades são as estruturas mais simples de IES e, comumente, oferecem cursos superiores em poucas áreas de conhecimento. Os requisitos mínimos de funcionamento das faculdades são mais simples que os requisitos impostos para os centros universitários e universidades. Por exemplo, a exigência mínima para a formação acadêmica de seus professores é de pós-graduação *lato sensu*, ou seja, para que uma faculdade possa funcionar, os seus professores devem possuir, no mínimo, um título de especialização ou MBA. É importante ressaltar que esse fato não constitui, de forma alguma, um desmerecimento, já que as faculdades são, em geral, IES novas e pequenas. E esses requisitos são os mínimos, o que não impede que a maioria das faculdades tenham em seus quadros professores com formações e experiências diversas.

Quando tratamos da abertura e do oferecimento de cursos de pós-graduação, também existem requisitos mínimos estabelecidos na legislação brasileira, que são diferentes para a abertura de cursos *lato sensu* (especialização e MBA) ou *stricto sensu* (mestrado e doutorado). Para que uma IES abra um curso de pós-graduação *lato sensu*, ela deve ter em seu quadro de professores – que ministrarão o curso de especialização – pelo menos 50% deles com formação *stricto sensu*. Isso significa que ao cursar uma especialização em uma faculdade, o aluno terá, provavelmente, uma boa parte de seus professores mestres e doutores. Mas como dito anteriormente, nada impede que as Faculdades possam aumentar o seu quadro de mestres e doutores para ministrar os cursos de especialização. Lembrando que devido às características particulares de cursos de especialização, é também desejável que alguns de seus professores sejam profissionais com experiência no mercado de trabalho. Isso porque professores especialistas, mas com experiência no mercado, oferecem conhecimentos complementares aos alunos. Esse tipo de conhecimento pode não ser totalmente dominado pelos professores mestres e doutores, sendo desejável a presença de profissionais com ampla experiência na área, mesmo que possuam apenas o título de especialista.

Com relação aos cursos de pós-graduação *stricto sensu*, as exigências para as IES são mais rigorosas e dependem da área de conhecimento. Normalmente, para uma IES abrir um curso de mestrado e/ou doutorado, todos os professores do quadro devem ser doutores. A lógica nesse tipo de exigência é que o aluno tenha sempre um professor ensinando em um curso que ele seja detentor do título, no mínimo. Em geral, o aluno pode encontrar facilmente o quadro de professores e a formação de cada um na página web das instituições.

Após comparar os critérios de funcionamento de uma faculdade ministrando apenas cursos de graduação com os critérios de abertura de cursos de pós-graduação, é fácil perceber que essas instituições, por terem uma estrutura mais simples, terão que fazer importantes investimentos na contratação de professores para que possam abrir cursos de pós-graduação. Isso significa que mesmo que oferecido por uma faculdade de pequeno porte, um curso de pós-graduação pode ter um quadro de professores de excelência.

Outra característica importante a ser levada em consideração é que as faculdades não estão obrigadas a realizar pesquisa, além daquela realizada em trabalhos de iniciação científica e em trabalhos de final de curso de graduação, e nem a terem professores trabalhando em tempo integral. Isso significa que dificilmente os alunos encontrarão nessas IES espaços físicos dedicados a laboratórios de pesquisa, com professores alocados em suas salas individuais para que possam atender seus alunos. Em geral, as faculdades são espaços onde predominam as atividades docentes, em que alunos e professores se encontram para a transmissão do conhecimento, seja em forma de conhecimento teórico ou prático.

Centros universitários: Os centros universitários são IES mais estruturadas que as faculdades e que contam com cursos superiores em diversas áreas de conhecimento. Geralmente, são centros com um *campus* de grande porte e contam com cursos de pós-graduação em mais de uma área. É comum que IES iniciem como faculdades e depois evoluam para centros universitários.

Para ser considerada um centro universitário, a IES deve seguir algumas exigências, ente elas as relacionadas à formação e regime de trabalho de seus professores. Nesse tipo de IES, pelo menos um quinto dos professores deve estar contratados em regime de tempo integral. Essa característica traz diversas vantagens para a formação dos alunos, entre elas a *disponibilidade desses docentes para atender os alunos e, principalmente, para se dedicar ao ensino e*

ESCOLHENDO A INSTITUIÇÃO DE ENSINO SUPERIOR (IES)

pesquisa naquela IES. Exigências com relação à titulação dos professores também são importantes, como, por exemplo, a de que a IES tenha um terço do seu corpo docente com título de mestrado ou doutorado. Essa exigência fomentará a atração de professores com capacidade de nuclear pesquisas na instituição e promover a formação de alunos não só no aprendizado, mas também na produção de conhecimento, publicação de artigos científicos etc. Esse incremento de professores formados em pesquisa, ou seja, com títulos *stricto sensu*, deve ser aproveitado por meio da institucionalização de programas de iniciação científica oferecidos para os alunos. Essas exigências certamente darão uma nova cara a IES, pois *incluem, efetivamente, a pesquisa nas atividades rotineiras da instituição* e, consequentemente, na formação de seus alunos.

Outra experiência interessante, que certamente será encontrada nos centros universitários, são os programas institucionalizados de extensão universitária. Esses programas também constituem o pacote de exigências de funcionamento desses centros. Dessa forma, além da realização de aulas e promoção do aprendizado, os alunos podem ter experiências com a pesquisa e com a extensão universitária.

Universidades: Universidades são IES mais estabelecidas, que já alcançaram plenamente o desenvolvimento administrativo e acadêmico para poder desenvolver com excelência suas atividades dentro do tripé do ensino superior, formado por atividades de ensino, pesquisa e extensão. A premissa para que uma IES seja considerada uma universidade é que ela apresente uma *indissociabilidade entre as atividades de ensino, pesquisa e extensão*.

As principais IES brasileiras são universidades, já que elas contam com uma infraestrutura mais completa e um quadro de professores mais titulados, assim como um maior número de professores trabalhando em tempo integral na instituição. Tudo isso somado à presença de cursos de graduação e pós-graduação em diversas áreas faz com que as universidades sejam espaços plurais.

As universidades, em geral, contam com um *campus* extenso e às vezes são formadas até por diversos *campi*. É comum encontrar universidades compostas por várias faculdades, ou mesmo vários centros, atuando sempre em diversas áreas do conhecimento.

Quanto ao corpo docente, os requisitos mínimos para que uma IES seja considerada uma universidade é ter pelo menos um terço do seu corpo docente com titulação de mestre ou doutores e um terço trabalhando em regime de tempo integral. Pode parecer pouco, mais um terço dos professores com essas características gera uma presença permanente de professores pesquisadores que, além de estarem disponíveis para atender os alunos, ainda podem se dedicar a gerenciar projetos de pesquisa, de extensão etc.

Em geral, as universidades dispõem de grupos de pesquisa perenes, com uma estrutura complexa e capaz de desenvolver projetos de pesquisa nacionais e de cooperação internacional. Nelas, os programas de iniciação científica, assim como os de pós-graduação, são bem estabelecidos. A cooperação internacional é muito fomentada, pois têm capacidade de enviar para o exterior, assim como receber, alunos e professores com certa regularidade. E assim como os centros universitários, possuem atividades de extensão institucionalizadas, além de estarem fortemente ligadas às atividades de ensino e pesquisa.

As características presentes em uma universidade promovem um ambiente em que favorecem que os alunos passem várias horas do dia nas suas dependências, não só quando estão em aulas ou realizando pesquisas, mas também em atividades culturais e sociais. Participar de todas essas atividades ao mesmo tempo que realiza um curso pode agregar muita bagagem à formação do aluno. Caso o candidato goste, tenha tempo e afinidade com atividades sociais, culturais e esportivas, ele encontrará na universidade uma boa opção de formação.

CARACTERÍSTICAS DESEJÁVEIS EM UMA IES

Mesmo após entender as diferenças entre as estruturas didático-administrativas das IES brasileiras, a escolha pode continuar difícil, pois dentro de um mesmo tipo de IES essas estruturas podem variar bastante. Ou seja, mesmo se encaixando na categoria universidade, podemos encontrar desde uma IES com estrutura mínima para o funcionamento até universidades com diversos *campi*, com presença em várias cidades e oferecendo cursos de graduação e pós-graduação em diversas áreas do conhecimento. Isso também é verdade para as faculdades, que podem ter apenas um curso superior com pós-graduação ou apresentarem cursos em várias áreas, uma infraestrutura invejável e professores excelentes. Provavelmente, não será fácil a comparação caso você se depare com IES muito parecidas na sua estrutura e corpo docente. Assim, apresentaremos um conjunto de caraterísticas desejáveis nas IES para que o aluno tenha parâmetros concretos para avaliar a IES, e assim poder realizar uma escolha consciente da sua futura instituição. A seguir veremos esses parâmetros e como cada um deles pode influenciar na experiência do aluno.

Presença de diferentes áreas do conhecimento: Mesmo que a instituição escolhida pelo aluno para realizar a sua pós-graduação tenha apenas uma área do conhecimento, o curso pretendido pode ser de excelente qualidade e oferecer a formação desejada. Entretanto, o diferencial em instituições que apresentam cursos em diversas áreas do conhecimento é a possibilidade de os alunos praticarem, mais facilmente, a chamada "interdisciplinaridade". A interdisciplinaridade é exercida quando os alunos realizam tarefas que necessitam de conhecimentos de mais de uma área, como, por exemplo, estudos sobre física médica, direito desportivo etc. Qualquer aluno pode, por conta própria, realizar trabalhos interdisciplinares em IES com uma ou poucas áreas de conhecimento, assim como os professores podem fomentar essas tarefas. Porém, uma IES com diversas áreas terá professores que atuam nessas áreas e se comunicam constantemente, além de bibliotecas com material mais diverso. A presença de diferentes áreas do conhecimento em uma mesma instituição também possibilita que alunos de uma área possam realizar disciplinas optativas em outras, fomentando o interesse por temas interdisciplinares e possibilitando o aprendizado de conceitos básicos e avançados em outras áreas. A interdisciplinaridade, além de ser uma experiência desejável na formação dos alunos, é uma qualidade bastante procurada em currículos de candidatos durante uma seleção para um emprego. É um tema tão atual e importante que já existem muitas IES, tanto no Brasil como no exterior, oferecendo cursos superiores e pós-graduações em formato interdisciplinar.

Qualificação dos professores: A atividade fim de uma IES é a transmissão do conhecimento. Desse modo, é fácil entender o fato de que quanto mais qualificado for o seu corpo docente, melhores serão os cursos oferecidos. Esse tema, porém, é muito relativo quando consideramos a didática dos professores como variável importante no processo de aprendizagem, pois de nada adianta o professor ter os títulos máximos possíveis se não consegue passar o conteúdo adequadamente para os alunos. Existem excelentes professores de nível superior que possuem apenas especialização (*lato sensu*). Entretanto, professores mais qualificados têm, teoricamente, conhecimentos mais aprofundados nos temas de estudo. Especialmente, os professores com mestrado e, sobretudo, doutorado têm, além de uma formação aprofundada no tema de estudo, conhecimentos em pesquisa. Esse conhecimento de pesquisa, que na prática é a produção de conhecimento em uma determinada área, será certamente um fator importante para a qualidade das aulas, pois professores pesquisadores estão sempre atualizados na sua área de conhecimento. Atividades de orientação de trabalhos acadêmicos serão também mais bem executadas por profissionais mais qualificados. A formação dos professores é, sem dúvida, uma das principais características na hora de escolher uma instituição. Nesse quesito, as IES públicas apresentam uma grande vantagem em relação às privadas, pois o diploma de doutorado é obrigatório para o concurso público para professor na grande maioria delas. Dessa forma, o aluno pode considerar que o corpo de professores das IES públicas, principalmente as universidades, é constituído completamente por doutores. É bastante recomendável verificar a formação do corpo de professores da IES pretendida, pois essa informação ajudará na comparação entre instituições, o que pode ser um grande diferencial na escolha. Essa informação é de fácil acesso no Brasil, pois a lista dos professores está, em geral, presente no site da IES, e o currículo dos professores está disponível na plataforma Lattes (http://lattes.cnpq.br/).

Professores em tempo integral: Essa é uma característica importantíssima quando o aluno pensa em cursar mestrado ou doutorado. No caso de cursos de especialização ou MBAs, a maioria das atividades são realizadas em sala de aula, no momento em que o aluno frequenta a IES. Contudo, no caso de cursos de mestrado e doutorado, onde existe a figura do orientador dos alunos, o contato frequente entre orientador e aluno é fundamental para um bom andamento do curso. Professores em tempo integral, além de dedicarem oito horas por dia para a instituição, tendo bastante tempo disponível para atendimento aos alunos, *em geral, possuem uma sala na IES*. Parece uma coisa simples, entretanto, o fato de o professor ter uma sala privativa na IES onde possa ser sempre encontrado, ter seus livros, mesa para exercer adequadamente o atendimento aos alunos e estudar faz muita diferença nos cursos de pós-graduação. Algumas IES dispõem, além de professores em tempo integral, de contratos de exclusividade. Ou seja, alguns professores trabalham exclusivamente na instituição. Essa característica possibilita que o professor dedique todo o seu tempo disponível para as atividades da instituição, possibilitando a realização de trabalhos com mais concentração e eficiência. IES com professores em tempo integral promovem o estabelecimento de grupos de pesquisa na instituição. Esses grupos, em geral, contam a participação de professores e alunos, e é nesse ambiente que se realizam projetos de pesquisa de longo prazo. Professores em tempo integral aumentam o potencial de produção científica da instituição, contribuindo muito para a qualidade da formação de alunos de graduação e de pós-graduação.

A informação sobre o número de professores contatados em tempo integral ou com contratos de exclusividade não é de fácil acesso aos alunos, principalmente para os ingressantes, que ainda não possuem uma rotina de frequência na IES. Entretanto, uma conversa com o coordenador do curso pode ser esclarecedora não só para esse ponto, mas para muitos outros sobre a estrutura do curso pretendido.

Atividades de pesquisa e extensão: Instituições tradicionais de grande porte, que contam com cursos superiores de graduação e de pós-graduação em diversas áreas, levam um pouco de vantagem nesse quesito. Esse tipo de instituição atua, em geral, com grande força nos três pilares do ensino Universitário já discutidos anteriormente nesse livro, que são o ensino, a pesquisa e a extensão. Essa é uma característica interessante a ser levada em conta para a escolha de uma instituição, pois o ambiente universitário diverso em atividades fornece experiências e oportunidades extracurriculares que serão enriquecedoras no currículo do aluno. Além do aprendizado tradicional proporcionado pelas atividades de ensino, como aulas teóricas e práticas, a participação em atividade de produção de conhecimento (pesquisa) ajuda a aprofundar o conhecimento em certos temas e, principalmente, desenvolve o pensamento crítico. Se esses mesmos alunos tiverem a oportunidade de levar todo esse conhecimento à comunidade por meio de programas de extensão universitária, a formação do aluno será, sem dúvida, de melhor qualidade. Nesse sentido, as universidades e os grandes centros universitários apresentam vantagens frente a instituições menores.

Atividades culturais e esportivas: Pode parecer estanho, a princípio, que o aluno verifique esse tipo de atividade em uma IES antes de realizar a sua escolha. Mas o ambiente universitário, seja ele de graduação ou de pós-graduação, se torna mais agradável e produtivo quando os alunos encontram prazer em estarem presentes na IES. As atividades culturais e esportivas, além de fomentarem o relacionamento social entre os alunos, melhorando o trabalho em grupo e a cooperação, abrem as portas ao aprendizado de outras habilidades e conhecimentos. Ter contato no próprio ambiente universitário com atividades culturais e esportivas não é a principal característica a ser levada em conta, mas fará bastante diferença em cursos de pós-graduação de longa duração, como os de doutorado. Realizar tarefas acadêmicas com pessoas que conhecemos e gostamos da companhia proporciona um ambiente de empatia, favorecendo assim a adaptação dos novos alunos aos árduos anos de estudos avançados nos cursos de pós-graduação. No caso das atividades esportivas, além de preservar a saúde, os alunos podem encontrar nelas momentos de lazer, tão importantes para a saúde mental de pessoas que dedicam muitas horas do dia aos estudos.

ÍNDICES DE QUALIDADE

Mesmo com todas as informações anteriormente fornecidas sobre como escolher a melhor instituição para cursar a sua sonhada pós-graduação, um aluno que nunca visitou a IES e/ou que tem dificuldade de conseguir dados para poder avaliá-la, terá dificuldade na escolha. Por isso, é importante conhecer e checar, antes de realizar a escolha, alguns índices de qualidade de IES já estabelecidos, principalmente aqueles referentes à qualidade dos programas de pós-graduação. Apresentaremos nessa seção os principais índices a serem levados em consideração na hora de escolher a IES para realizar a sua pós-graduação.

Avaliação da pós-graduação feita pela Capes: A Capes tem um sistema de avaliação dos programas de pós-graduação brasileiros que atuam nos cursos *stricto sensu*, ou seja, cursos de mestrado e doutorado. A Capes avalia quadrienalmente todos os programas de pós-graduação e os qualifica em números que variam entre 3 e 7, sendo os cursos com nota 3 os piores e os com nota 7 os melhores. Essa avaliação leva em conta diversas características dos cursos, como número de dissertações e teses defendidas, a produção intelectual dos alunos e dos professores, e até mesmo a inserção social da pesquisa realizada. Os programas atestados pela Capes com notas maiores são também beneficiados com mais recursos e bolsas de estudo como forma de premiação pela boa qualidade. O aluno que tiver a oportunidade de estudar em programas de pós-graduação com notas próximas a 7, certamente terão mais oportunidades de bolsa e recursos para a pesquisa que aqueles que estudam em programas com notas próximas a 3. Todavia, apesar do índice de qualidade da Capes ser uns dos mais precisos para definir a qualidade relativa de um programa de pós-graduação, o aluno precisa estar atento e também incluir em sua avaliação o tempo de criação do programa de pós-graduação. Programas recém-criados, em geral, começam com notas mais baixas, e ao longo do tempo vão aumentando o seu conceito perante a Capes. E como essa avaliação é quadrienal, leva bastante tempo para que um curso de pós-graduação chegue a notas altas como 6 ou 7. É recomendável que a comparação seja feita levando em conta essa variável. Comparar um curso de pós-graduação recente com um tradicional pode levar o aluno a ignorar o potencial de crescimento de cursos recentes, assim como subestimar a qualidade do seu quadro de professores. Na página web da Capes, pode-se encontrar os conceitos de todos os cursos de pós-graduação *stricto sensu* do Brasil (https://www.gov.br/capes/pt-br).

Qualidade dos cursos de graduação avaliados pelo Inep: Ao avaliar uma IES, mesmo que o interesse seja em cursar uma pós-graduação, é importante verificar a qualidade dos seus cursos de graduação. Vários são os motivos para tal, o principal é porque os cursos de pós-graduação são, geralmente, uma extensão dos cursos de graduação, pois usam basicamente os mesmos professores da graduação, além de algumas de suas instalações. Instituições que têm cursos de pós-graduação de excelência geralmente dispõem de cursos de graduação de muita qualidade, pois é difícil abrir cursos de pós-graduação em uma determinada área sem apresentar cursos de graduação que possam fornecer professores, alunos e infraestrutura de suporte. No Brasil, a qualificação dos cursos de graduação é feita pelo Inep. O Inep qualifica os cursos de graduação em números que variam de 2 a 5, onde a nota 5 representa os cursos melhores e nota 2 os piores. É recomendável, pelo menos, verificar a qualidade dos cursos de graduação oferecidos na área em que o aluno deseja cursar a pós-graduação. Dessa maneira, pode-se ter uma ideia geral sobre qualidade da IES, já que essa avaliação é muito detalhada e avalia desde aspectos de organização didática, até aqueles relacionados ao professorado e à infraestrutura disponível.

Índices nacionais e internacionais de qualidade das universidades: Estes são, talvez, os mais fáceis de serem encontrados e verificados pelos alunos, pois listam diretamente as melhores IES de uma região, país ou até mesmo do mundo. Qualquer pessoa facilmente encontrará esses índices ao buscarem na internet. Porém, é necessário o bom entendimento do que eles significam antes de avaliar uma instituição. A primeira a coisa a ser entendida é que esses índices, em geral, referem-se apenas a universidades, deixando de fora outros tipos de IES, como as faculdades, os centros universitários e até mesmo os institutos federais. Na prática, instituições menores, novas e ainda em afirmação podem não ser listadas nessas classificações mesmo sendo, relativamente, de boa qualidade. Outro aspecto importante é entender o tipo de avaliação feito nesses *rankings*, já que não é fácil comparar instituições com estruturas diferentes e localizadas em regiões e/ou países com sistemas de financiamento e, algumas vezes, educacionais distintos. Esse tipo de índice, geralmente, leva em conta indicadores gerais de qualidade nos eixos ensino, pesquisa e extensão. Como exemplo de indicadores podemos citar o número de doutores formados nos programas de pós-graduação, o número de artigos científicos publicados, o número de egressos nos cursos de graduação, a taxa de empregabilidade dos egressos, o número de projetos com empresas e setor público etc. É comum encontrar no topo dessas listas as IES mais tradicionais da região, já que só elas tiveram o tempo de conseguir a excelência em todos os campos, além de muito esforço de seus gestores e funcionários, é claro. Ao escolher um desses índices para servir de base na escolha da IES, o aluno deve analisar a fundo a composição do índice. Deve buscar a classificação por área de estudo, pois muitas instituições podem não ter uma boa classificação geral nestes *rankings*, mas apresentar excelente índices em uma área específica.

IES PÚBLICA OU PRIVADA?

Cada país tem um sistema de ensino superior próprio. Alguns deles com forte participação do estado e outros completamente gerenciados pela iniciativa privada, além de modelos mistos de gerenciamento, com parcerias entre o sistema público e o privado. No caso do Brasil, as IES públicas apresentam algumas diferenças importantes das privadas. Essas diferenças devem ser bem entendidas pelos alunos, para que possam, além de escolher o curso e a instituição ideal para a sua pós-graduação, saber o que cada tipo de IES pode oferecer para a sua formação.

No Brasil, a principal diferença entre as IES públicas e privadas é o *caráter gratuito* do oferecimento de cursos de graduação pelas IES públicas, enquanto as privadas cobram mensalidades aos alunos. No caso dos cursos de pós-graduação, a gratuidade nas IES públicas é garantida nos cursos de pós-graduação *stricto sensu*, ou seja, em cursos de mestrado e doutorado. No caso de cursos *lato sensu*, especializações e MBAs, algumas IES públicas têm a possibilidade de cobrar mensalidade. Dessa forma, é importante saber que cursar uma especialização ou MBA em uma instituição pública pode ter custo de mensalidades. Obviamente, a característica da gratuidade faz com que as IES públicas sejam, em muitos casos, a única opção para alunos de baixa renda. É importante também destacar que o pagamento de mensalidade em IES privadas não pode ser confundido com uma característica negativa. Apesar de serem instituições educacionais, devem ser entendidas como empresas, cujos objetivos e responsabilidades se assemelham a de qualquer outra empresa. A IES privada suporta todo o seu funcionamento com o dinheiro oriundo das mensalidades dos alunos, desde a construção dos prédios até o pagamento dos professores e livros para a biblioteca, ao contrário das IES públicas, cujo financiamento é proveniente dos impostos pagos pela sociedade em geral. Levando em consideração apenas o aspecto financeiro, a decisão de cursar ou não uma IES que exige o pagamento de mensalidades reside apenas na capacidade do aluno em arcar com tais custos. Infelizmente, não são todos os alunos que podem fazer essa escolha entre pagar ou não os seus cursos. Mas a boa notícia é que, hoje em dia, existem muitas IES privadas com valores de mensalidade bastante acessíveis, o que ajuda enormemente na democratização do ensino superior e de cursos de pós-graduação.

Quando tratamos de *aspectos burocráticos e do dinamismo*, as IES privadas levam vantagens com relação as IES públicas. As IES privadas são capazes de promover uma maior agilidade nos seus trâmites internos, de se adaptarem a novos cenários por meio de mudanças rápidas em sua estrutura, além de terem capacidade de contratação rápida de profissionais docentes e não docentes para suprir novas demandas. As IES públicas seguem o regime dos demais órgãos públicos brasileiros, que apresentam uma burocracia e controle que, muitas vezes, deixam os seus trâmites muito mais lentos que nas IES privadas. Isso acontece porque as IES públicas recebem verbas provenientes de impostos pagos pela sociedade. E ao tratar com verba pública, os seus gastos são controlados por meio de aprovações e fiscalizações em diversas instâncias da IES, com o objetivo de promover a transparência e o bom uso do dinheiro público. A contratação de professores nas IES públicas é feita por meio de concursos públicos, cuja realização é aprovada depois de muita discussão. E o próprio concurso em si, para ocorrer, exige procedimentos rigorosos para que possa ser validado dentro da instituição.

O processo decisório nas IES públicas funciona por meio de órgãos colegiados, isto é, a aprovação de projetos é democrática e passa pela análise, discussão e aprovação de diversas câmaras antes de ser executado. Ao contrário, o uso de verbas nas IES privadas não sofre esse tipo de controle e as decisões são, em geral, centralizadas em poucos gestores, que rapidamente decidem sobre a abertura de um novo programa de pós-graduação, sobre a construção de um novo prédio ou sobre a contratação de algum profissional. Esse dinamismo oferecido pelas IES privadas é muito benéfico para o processo de ensino e aprendizagem e pode ser sentido pelos alunos diante de uma necessidade de melhoria imediata em seu curso ou quando há necessidade de contratação de um novo professor.

Ainda abordando o tema do financiamento, uma característica importante das IES públicas é o *volume de recursos públicos* que elas recebem, apesar da contínua redução que as IES públicas brasileiras vêm sofrendo nos últimos anos. A criação de uma IES pública é uma política pública de desenvolvimento social, com importante retorno para a sociedade. E como a formação de pessoal de nível superior e a produção de conhecimento por meio de pesquisas científicas desenvolvidas nos programas de pós-graduação são relativamente caras, as IES públicas necessitam de um importante investimento do

ESCOLHENDO A INSTITUIÇÃO DE ENSINO SUPERIOR (IES)

governo para que possam ser criadas e funcionarem adequadamente. Principalmente porque os recursos públicos são quase a única fonte de financiamento dessas instituições. É comum entrar em uma universidade federal ou estadual e observar um *campus* muito grande e desenvolvido, com muitos centros, faculdades, institutos, hospitais universitários etc. Essa é uma característica marcante da IES pública brasileira, principalmente nos *campi* localizados em capitais. As IES privadas, salvo em raríssimas exceções, começam como pequenas faculdades, depois evoluem para centros universitários, e depois para universidades. Esse é um longo caminho, dependente de muitos fatores alheios à qualidade da IES privada. Um grande exemplo disso é que as IES privadas são bruscamente afetadas pelas crises financeiras nos países, o que não tem nenhuma relação com a sua qualidade acadêmico-administrativa. Entretanto, mesmo enfrentando todos os riscos empresariais, existem no Brasil muitas IES privadas de altíssima excelência, que dispõem de *campi* universitários magníficos e excelente cursos de graduação e programas de pós-graduação. E essa qualidade é, em parte, garantida pelas mensalidades pagas pelo grande número de alunos matriculados em seus cursos.

A *forma de contratação dos professores* nas IES públicas é também um interessante aspecto a ser entendido pelo aluno, pois ela tem influência na titulação do corpo docente da instituição. Já foi visto anteriormente que o Ministério da Educação, através do Inep, monitora a qualidade dos cursos de graduação das IES brasileiras. E de acordo com a legislação brasileira, existem diferentes exigências para o funcionamento da IES, dependendo de sua estrutura didático-administrativa, como também já detalhamos.

Dependendo da condição financeira e do plano estratégico da IES privada, ela pode funcionar com o limite legal mínimo de mestres e doutores ou aumentar o número para valores próximos à totalidade dos docentes. O mesmo se aplica à forma de contratação de seus professores, que nesse caso, podem ser convidados ou realizarem um processo seletivo rigoroso para ingresso. É importante salientar que é do desejo de todas as IES privadas ter a totalidade de seu corpo docente com título de mestre ou doutor, mas isso nem sempre é possível devido a limitações financeiras, pois os salários dos professores dependem, geralmente, de sua titulação. No caso das IES públicas, elas devem seguir a normativa dos demais órgãos públicos, realizando contratações apenas por concurso público. O concurso público em si, em geral, é um fator importante de seleção, pois o emprego público é ainda muito valorizado no Brasil, atraindo muitos profissionais qualificados para essas vagas. Essa disputa pelo emprego é benéfica para a IES, pois, teoricamente, quanto mais concorrentes qualificados existirem disputando a vaga, melhor será o profissional contratado. Entretanto, existe outra particularidade que coloca a IES pública, principalmente as universidades públicas, em vantagem na titulação de seus professores. E essa vantagem reside nos requisitos exigidos aos candidatos para que possam participar de seus concursos públicos para professores. Atualmente, o título de doutor é requisito obrigatório para a participação nos concursos na maioria das universidades públicas. Isso faz com que, salvo uma minoria de professores que ali ingressaram há muitos anos, quase *todos os docentes possuem o título de doutor*. É bastante frequente encontrar universidades públicas com todos os seus docentes com título de doutor. Outras IES públicas que não são universidades, como as faculdades públicas, até podem abrir concursos com requisitos de titulação inferiores ao título de doutor, mas devido à grande quantidade de pessoas com doutorado nos dias de hoje, dificilmente será aprovado em um concurso público um docente de nível superior que não possua doutorado.

O PROCESSO SELETIVO DE INGRESSO

Qual é a etapa mais difícil em um processo seletivo de ingresso para um programa de pós-graduação?

Os processos seletivos de ingresso, geralmente, apresentam diversas etapas, como: prova escrita, entrevista, análise do projeto de pesquisa, análise do currículo etc. A maior dificuldade no processo está relacionada com o tipo de formação e experiência do candidato. Candidatos sem experiência em pesquisa, normalmente, possuem dificuldade em escrever um bom projeto, enquanto candidatos oriundos de outras áreas têm maior dificuldade na prova escrita.

CONHECENDO O PROCESSO SELETIVO

Após a escolha do tipo de curso de pós-graduação a ser cursado e da instituição de ensino, é chegada a hora de se preparar para o processo seletivo de ingresso. Cursos de especialização e MBAs, em geral, apresentam um processo de ingresso mais simples, com exceção de alguns muito concorridos, que, devido à alta procura, contam com um processo seletivo mais rígido. São os cursos de mestrado e doutorado que têm os processos de ingresso mais complexos e concorridos. Neste capítulo, abordaremos as principais etapas que usualmente ocorrem em processos seletivos de ingresso em cursos de pós-graduação, com o objeto de ajudar os candidatos na preparação para enfrentar cada uma das etapas.

Alguns cursos de pós-graduação são muito procurados, havendo por isso grande concorrência no processo seletivo de ingresso, o que consequentemente gera a necessidade de um processo que possa selecionar os melhores candidatos para ocupar as vagas disponíveis. Assim, é fácil imaginar que a preparação para o processo seletivo é uma etapa fundamental para quem deseja ingressar em um curso de pós-graduação concorrido. Participar de um processo seletivo para ingresso em cursos de pós-graduação sem conhecê-lo bem e, principalmente, sem estar bem preparado, pode levar muitos alunos ao fracasso. A reprovação pode fazer com que os alunos tenham que esperar até um ano para poder participar novamente do processo seletivo de ingresso, além de gerar frustação e desmotivação para continuar tentando. Por isso, é essencial o bom preparo para essa etapa, pois em cursos de pós-graduação concorridos essa é a principal barreira entre o estudante e o diploma pretendido.

Abordaremos nas próximas seções as principais etapas presentes em processos seletivos de cursos de pós-graduação. O intuito é entender o processo e conhecer as principais características de cada etapa. Dessa forma, o aluno não enfrentará surpresas desagradáveis que posam impedi-lo de realizar um bom processo seletivo. Vale ressaltar que nem todos os processos seletivos dispõem de todas as etapas descritas neste capítulo e que em alguns existem etapas que pontuam mais que outras para o computo do resultado final. Por exemplo, existem processos seletivos em que a prova teórica vale 4 pontos, enquanto a entrevista vale 2 pontos. Outros processos dispõem de todas as etapas com a mesma pontuação. Logo, é preciso conhecer bem o edital de ingresso do curso pretendido para que se possa dar a devida importância às etapas do processo de acordo com a pontuação que ela vale no computo final. *Conhecer com antecedência o edital do curso pretendido*, mesmo que seja o de anos anteriores, ajudará a observar quantas e quais são as etapas do processo, assim como a pontuação dada a cada fase. Esperar o período de inscrição para ler o edital, entender o processo e preparar todas as etapas pode deixar o candidato com pouco tempo de preparação e prejudicar o seu desempenho. Mesmo que o candidato tenha muita capacidade e interesse no curso, isso pode não ficar bem evidenciado durante o processo seletivo devido à falta de tempo para preparar os documentos necessários para o processo seletivo. Além disso, se o processo seletivo tiver prova teórica, aqueles candidatos com mais tempo de preparação terão, possivelmente, os melhores desempenhos.

O principal objetivo de conhecer com antecedência o edital do processo seletivo é descobrir quais são os *critérios de avaliação de cada etapa*, ou seja, como cada etapa será avaliada pela banca examinadora e, assim, ter tempo de preparar a participação no processo seletivo da melhor maneira possível.

Nesse sentido, discutiremos a seguir as principais particularidades de cada etapa normalmente presentes em processos seletivos para ingresso em cursos de pós-graduação e, principalmente, o que os avaliadores esperam que os candidatos demonstrem em cada fase.

PREPARANDO O CURRÍCULO

A apresentação do currículo é, talvez, a etapa mais comum entre todas aplicadas em um processo seletivo para ingresso em um curso de pós-graduação. Por isso, vale a pena se atentar a alguns aspectos antes de preparar o currículo. A primeira coisa a ser levar em conta na preparação do currículo é que ele *deve ser preparado especialmente para o processo seletivo*, com o intuito de demonstrar as potencialidades do candidato para ser um bom aluno de pós-graduação. Usar currículos antigos, que foram utilizados para outras finalidades, é arriscado, já que pode conter informações desnecessárias e pode, ainda, deixar de conter os dados específicos buscados pelos avaliadores.

Um *currículo bem formatado*, demonstrando um perfil próximo ao desejado para o curso e uma boa experiência na área, com certeza irá impressionar os avaliadores, da mesma maneira que um currículo malfeito, faltando informações importantes e com erros de português irá demonstrar irresponsabilidade, despreparo e desinteresse por parte do candidato. A preparação correta do currículo é peça fundamental para que a banca avaliadora conheça a formação, a experiência e outras habilidades desejáveis do candidato. Para construir um currículo com uma boa apresentação e conteúdo é preciso levar em conta alguns aspectos que descreveremos a seguir.

Candidatos inexperientes na elaboração de currículos têm a sensação de que currículos longos e com informações diversas são bem-vistos em processos de avaliação. E quando percebem que os seus currículos ficaram "pequenos", caem na tentação de preencher esse "vazio" com todas as informações possíveis sobre o que aconteceu em suas vidas, com seus interesses etc. Essa lógica pode levar à construção de um texto confuso e disperso. É necessário entender que muitos currículos serão analisados em um processo seletivo de ingresso em um curso de pós-graduação, levando os avaliadores a lerem grande volume de texto durante a seleção. Textos com informações desconexas e sem foco no perfil desejado podem ser percebidos como pouco interessantes e, consequentemente, ser pouco pontuados, mesmo que entre as diversas informações colocadas existam coisas interessantes para o curso. Quando esse tipo de currículo é analisado, a banca de seleção

O PROCESSO SELETIVO DE INGRESSO

sente dificuldade para encontrar as informações importantes, podendo até chegar a conclusões equivocadas sobre o perfil do candidato, prejudicando a sua avalição. Caso o candidato considere que possui muitas informações que poderiam ser usadas no seu currículo, deve ter em mente que *nem todas as informações são relevantes para o processo seletivo*. A banca avaliadora entenderá se um jovem recém-formado apresentar um currículo com poucas informações, pois isso é o natural para um candidato com pouco tempo de vida profissional ou acadêmica.

O recomendável é fazer um *texto curto, com informações claras, diretas e de maneira organizada*, colocando primeiro as informações de maior valor e relacionadas ao perfil necessário para a admissão no curso. Se tratamos de uma pós-graduação tipo MBA, na qual a experiência profissional e a rede de relacionamentos é um importante critério de admissão, o candidato deve colocar todas essas informações no começo do currículo e de maneira destacada em um subitem sobre experiência profissional, por exemplo. Se, por acaso, o candidato trabalhou em poucas empresas e ainda conhece pouca gente no ramo gerencial, ao citar os últimos empregos, deve colocar um breve texto descrevendo sua experiência, a sua contribuição para a empresa e os desafios que foram superados com sucesso devido à suas ações. Essa informação será de grande utilidade para a banca avaliadora, pois rapidamente a banca irá perceber que, mesmo que o candidato não tenha ocupado posições importantes de gerência, sempre demonstrou liderança e iniciativa. A lógica informativa seguida nesse exemplo é a de que: se o candidato ocupou diversos cargos em empresas de renome, a simples descrição dessas posições ocupadas será suficiente para uma correta avaliação. Se o candidato, entretanto, ocupou posições mais modestas, ele precisa, além de citar, descrever a sua atuação para que a banca possa visualizar as características desejáveis no seu currículo.

Caso o candidato esteja participando de um processo seletivo para ingresso em cursos de mestrado ou doutorado, em que a formação acadêmica e as experiências em pesquisas são as mais valorizadas, é recomendável que o candidato informe, e com destaque, a relação da sua formação com a pesquisa a ser realizada durante a pós-graduação. Informações sobre a participação em pesquisas durante e após a graduação devem ter destaque logo no início do currículo. É também importante saber que, nesse tipo de curso de pós-graduação, a participação em publicações científicas são itens muito pontuados ao se avaliar os perfis dos candidatos. Geralmente, os alunos só conseguem publicar artigos científicos durante o mestrado ou doutorado. A não ser que tenham participado de programas de iniciação científica durante a graduação. Desse modo, ter publicações antes do ingresso é, certamente, um diferencial e deve ser apresentado rápida e destacadamente ainda na primeira página do currículo. Outro critério importante na avaliação de um currículo de alunos ingressantes para cursos de mestrado ou doutorado são as médias nas disciplinas da graduação, por isso, deve-se destacar na média geral na graduação e nas notas obtidas em disciplinas relacionadas ao curso pretendido. Um aluno que não tem uma boa média geral na graduação, mas tem notas altas em disciplinas relacionadas à área do curso, pode ter o seu potencial reconhecido pela banca examinadora.

Após dar um bom destaque nas características principais e desejáveis para o curso pretendido, o candidato deve focar na apresentação da sua formação complementar. Nesse ponto, o candidato deve primeiramente identificar quais das suas formações complementares ou habilidades podem ser de interesse para o curso. No caso de cursos de mestrado e doutorado nas áreas de exatas ou tecnológicas, por exemplo, conhecimento em estatística e informática será bem avaliado, pois essas são ferramentas comuns usadas no desenvolvimento de pesquisas científicas nestas áreas. Ao pleitear ingresso em cursos de especialização, a banca irá valorizar outros cursos na mesma área de atuação, enquanto avaliações de ingressos em MBAs valorizarão, por exemplo, cursos em áreas gerenciais, marketing etc.

O PROCESSO SELETIVO DE INGRESSO

Alguns cursos de pós-graduação exigem como requisito para ingresso o conhecimento de outros idiomas, principalmente o inglês. Essa é uma característica bastante presente em cursos de mestrado e doutorado e muitas vezes está presente nos processos seletivos como uma etapa eliminatória. A razão é que grande parte da pesquisa produzida mundialmente é divulgada em inglês, além disso, esse é o idioma usado na comunicação entre pesquisadores em congressos científicos internacionais. É comum que o aluno de mestrado ou doutorado trabalhe em inglês durante grande parte do seu tempo, pois estará sempre lendo e escrevendo artigos científicos e resumos para comunicação em congressos. Nos dias de hoje, o fato de não saber inglês dificulta o desenvolvimento de um bom trabalho de pesquisa, portanto, alunos com bons níveis de inglês levam grande vantagem sobre os demais no processo avaliativo. Nesse sentido, o aluno interessado em cursar mestrado ou doutorado e que possui um nível básico/intermediário de inglês deve se preparar para o processo seletivo. Conhecendo com anterioridade os níveis de idioma requeridos no processo seletivo, o aluno pode estudar e melhorar o seu nível até a data do processo.

Após estar consciente sobre a necessidade de ter um bom nível em uma língua estrangeira para a realização do seu curso de pós-graduação, o candidato deve ter um cuidado primordial na escrita do seu currículo: *descrever exatamente seu nível de inglês* ou de outro idioma. Se o nível for básico, intermediário ou até mesmo se o candidato não tiver conhecimento do idioma, deve demonstrar no currículo a informação exata. Não é raro encontrar candidatos recém-graduados, com muito interesse em cursar uma pós-graduação, mas que por motivos diversos não têm o nível desejado de idioma requerido. Uma boa estratégia, quando o candidato não tem o nível de idioma desejado e não tem tempo hábil antes do processo para obtê-lo, é demonstrar em seu currículo o interesse em estudar para chegar ao nível desejado. O medo de ter o seu currículo desvalorizado pelos avaliadores gera uma tentação nos alunos de exagerar no seu nível de conhecimento em língua estrangeira ao preparar o currículo. Esse ato de exagero deve a todo custo ser evitado. Pois, além de fraudulento, pode levar o aluno a um constrangimento na hora da entrevista. É preciso sempre ter em mente que os professores costumam questionar os alunos sobre o seu conhecimento de inglês na entrevista e em alguns casos até testá-lo. Caso o aluno tenha exagerado no seu nível de idiomas no currículo, certamente esse fato será percebido pelos entrevistadores.

O último ponto a ser destacado no currículo do candidato a aluno de pós-graduação são os cuidados quanto à forma, ou seja, sua estrutura. Esse é um ponto de fácil entendimento, mas que nem sempre é cumprido. O objetivo de um bom formato de currículo é apresentar as informações em uma sequência lógica e com um nível de organização que facilite a leitura. Uma boa sequência para um currículo de candidato a aluno de pós-graduação seria: identificação pessoal seguida por informações divididas em blocos, como formação acadêmica, formação complementar, trabalhos publicados, experiência laboral, nível de idiomas etc. O equilíbrio na quantidade de informações e textos também é importante. Tanto será prejudicial textos muito longos quanto informações insuficientes. Ao informar o curso de graduação que o candidato é formado, ele deve também apresentar a instituição em que o curso foi feito, o período e se foi EaD ou presencial. Esse é um bom exemplo de uma informação curta, mas completa. Para destacar algum tópico que o candidato considere importante, é possível colocar ao lado, ou abaixo da informação principal, um breve texto explicando e dando a devida importância àquele ponto. Por exemplo, caso o candidato tenha um artigo publicado, pode contar brevemente a sua história, se o artigo foi feito durante uma disciplina de graduação, em um projeto de iniciação científica, em parceria com uma empresa etc.

Não podemos deixar de comentar também os cuidados básicos com erros de português. É um clássico nas recomendações sobre a escrita de currículos, mas ainda continuam aparecendo currículos com erros de português nos processos seletivos de ingresso em cursos de pós-graduação, assim como em outros processos. Erros de português demonstram, além de despreparo, um descaso com a preparação dos documentos para o processo seletivo e pode deixar uma péssima impressão na banca avaliadora. Caso o candidato tenha dificuldade com a língua portuguesa, deve solicitar ajuda de um profissional.

Por último, vale alertar sobre a importância da veracidade das informações inseridas no currículo. O candidato deve entender que a *apresentação do currículo e a entrevista são processos complementares*. Todas as informações colocadas no currículo podem ser conferidas pelos avaliadores na hora da entrevista. Além de colocar as informações da maneira mais precisa possível, o candidato deve se preparar para apresentá-las mais detalhadamente na hora da entrevista.

ESCOLHENDO O ORIENTADOR

Os cursos de pós-graduação *stricto sensu* apresentam uma particularidade com relação a outros cursos, que é a presença obrigatória de um professor orientador. O orientador pode aparecer também em alguns cursos de pós-graduação *lato sensu* (especializações), em que, geralmente, orientam trabalhos de final de curso. Mas são nos cursos de mestrado e doutorado que a figura do orientador é obrigatória e exerce um papel primordial para a formação do aluno. E por ser uma figura-chave na formação do aluno, a sua escolha deve ser feita com cuidado.

A escolha do orientador para o futuro curso de pós-graduação é um aspecto fundamental na formação e para o processo de ingresso, pois caso a sua presença já seja obrigatória na inscrição do processo, a sua ausência impossibilitará o ingresso do aluno. Mas antes de tratar da escolha em si, vamos entender o papel do orientador nos cursos de pós-graduação.

Nos cursos de mestrado e doutorado, o orientador é o professor ou pesquisador que irá, oficialmente, guiar o aluno durante o curso, seja no planejamento e execução da pesquisa, no levantamento de dados e discussão dos resultados, na escrita de trabalhos acadêmicos, além de outras tarefas. Nos cursos de especialização, essa atuação pode variar dependendo da característica do curso. Cursos de especialização com grandes porcentagens de aprendizado teórico terão uma atuação mais modesta do orientador, enquanto cursos com uma maior carga de trabalhos práticos terão uma maior atuação. Em cursos de mestrado e doutorado, nos quais a produção de conhecimento é mais importante que a aprendizagem dos conteúdos, a figura do orientador é primordial, pois é ele quem ensina, na prática, o método científico ao aluno, sendo, portanto, uma peça fundamental para uma boa formação.

Como a oferta de cursos de pós-graduação no Brasil é muito diversa, a exigência da escolha do orientador ainda no processo de ingresso depende do tipo de curso. Geralmente, apenas os cursos de mestrado e doutorado apresentam essa exigência. Em cursos de especialização, em que o papel do orientador é limitado a poucas tarefas, como a orientação do trabalho de final de curso, por exemplo, a escolha do orientador é mais simples, sendo, em muitos casos, designados orientadores aos alunos aleatoriamente pela coordenação do curso. Entretanto, caso o aluno tenha a oportunidade de escolher o seu orientador, essa escolha deve estar baseada na relação entre *o interesse do aluno e a capacidade do orientador*.

Ao ingressar na pós-graduação e se deparar com a necessidade de realizar um estudo prático ou teórico sobre um determinado tema, os alunos imediatamente remetem a escolha de temas de estudo do seu interesse, o que é normal. Por exemplo, alunos de Direito podem ter o interesse de realizar um estudo sobre Direito Internacional ou alunos de Biologia sobre a vida das tartarugas marinhas. Mas o simples interesse do aluno não é o que, geralmente, determina o tema do seu estudo, seja em um trabalho de final de curso, em uma dissertação de mestrado ou em uma tese de doutorado. Existe também, como variável importante, a capacidade do orientador em orientar o trabalho proposto. Os professores de cursos de pós-graduação que irão atuar como orientadores são profissionais que dedicaram a sua carreira a um tema específico de estudo. Então, o fato de o aluno propor um novo tema de trabalho não significa que esse será o tema desenvolvido no curso. *Os professores orientam estudos apenas dentro da sua área de especialidade*, pois sabem que não conseguiriam orientar um estudo de qualidade em outra área. Isso não significa que não seja possível que um professor oriente um trabalho em outras áreas, mas essa seria uma tarefa muito desafiadora e pouco comum.

Um bom começo para o processo de escolha do orientador seria realizar uma pesquisa entre todos os professores da pós-graduação pretendida e identificar, entre eles, quais são os professores que atuam em áreas de conhecimento afins com o interesse do aluno. A partir daí deve-se estabelecer o contato para que se possa chegar a um acordo entre o aluno e o professor sobre o tema de estudo.

Apesar do tema dessa seção tratar da escolha do orientador pelo aluno, muitas vezes o que ocorre é o contrário. Quando os cursos de pós-graduação limitam o número de ingressantes e a presença do orientador é obrigatória no processo de ingresso, os orientadores se deparam com um grande número de alunos necessitando conseguir um orientador. Nesse caso, o que acontece, na prática, é que são os orientadores que acabam escolhendo que alunos desejam orientar. Quando esse tipo de situação acontece, o que não é raro em cursos de mestrado e doutorado, a conversa entre o aluno e o orientador será fundamental para que ele seja o escolhido.

Considerando que a escolha do orientador pelo aluno acontece ao mesmo tempo em que os orientadores também selecionam que alunos aceitarão orientar, o candidato deve entender quais são os principais critérios levados em conta nessas escolhas. Começaremos então por entender quais são os critérios usados pelos orientadores para escolher os alunos. Conhecendo esses critérios, o candidato poderá se colocar como uma boa opção para o seu futuro orientador. As principais características que fazem um orientador escolher um aluno para orientar em um curso de pós-graduação são:

Interesse na área de estudo do orientador: Possuir interesses em comum é um bom começo para estabelecer uma conexão com o futuro orientador. Mas falar, simplesmente, que está interessado não será suficiente para demonstrar que é o melhor candidato. É recomendável realizar uma pesquisa sobre o tema de estudo do pretendido orientador e também estar a par dos estudos já realizados por ele. Dessa forma, será possível estabelecer uma conversa mais concreta sobre o tema de estudo, além de demonstrar iniciativa. Mas os candidatos não devem se esquecer de que os orientadores são pessoas que dedicaram suas vidas a um determinado tema e são especialistas, por isso, facilmente perceberão conceitos errados e informações desatualizadas sobre o tema. Os orientadores, por outro lado, não esperarão que seus futuros orientandos sejam grandes especialistas no tema, eles terão consciência que de estão lidando com estudantes. Assim, não é preciso levar um tema de estudo pronto para propor ao orientador como forma de revelar interesse e conhecimento. Uma boa estratégia é perguntar sobre os projetos desenvolvidos pelo professor, pois seguramente, durante a conversa, surgirá algum tema de comum interesse que possa ser proposto para ser realizado durante a pós-graduação pretendida pelo aluno.

Formação adequada e experiência na área: Ao selecionar alunos para orientar, o professor, em geral, escolherá aquelas que apresentarem melhor perfil para o estudo. Isso porque a probabilidade do estudo ser realizado com qualidade aumenta muito se o estudo for conduzido por alunos qualificados. Como exemplo, podemos pensar em um estudo sobre tartarugas marinhas. É obvio que biólogos que já realizaram estudos prévios com esse animal e que possuem formação na área levariam grande vantagem ao disputar uma vaga com um biólogo especialista em macacos. Apresentar os seus títulos, falar de sua formação e das suas experiências na área será muito positivo durante a conversa com o seu possível orientador. Uma graduação na área da pós-graduação é também um aspecto a ser destacado pelo aluno para o seu futuro orientador. Existem cursos de pós-graduação em que a graduação na mesma área do conhecimento é obrigatória, por exemplo, em Medicina. Mas existem também cursos de pós-graduação interdisciplinares, em que alunos com formações diversas podem cursar, como os cursos de pós-graduação em marketing. Tomando como exemplo uma pós-graduação em marketing, caso a pesquisa do pretendido orientador seja em uma área específica, como o marketing digital, o candidato deve apresentar as suas habilidades com computadores, redes sociais etc. Mesmo que não se tenha a formação ideal para o curso, formações complementares podem ajudar o orientador a decidir.

Tempo para se dedicar ao curso: Alguns cursos de pós-graduação exigem estudos experimentais longos, que necessitam de muitas horas por semana para serem realizados. Esse será um dos principais aspectos a ser verificado pelo orientador na hora da escolher os seus futuros orientandos. Especialmente nos cursos de mestrado e doutorado, o tempo disponível de dedicação aos cursos é fundamental para a realização adequada do estudo pretendido. Muitas pessoas desejam iniciar seus estudos de pós-graduação depois de alguns anos dedicados à vida profissional. Nesses casos, como o aluno é obrigado a dividir o seu tempo entre o trabalho e o curso de pós-graduação, o tempo disponível para realizar as tarefas inerentes ao curso se torna limitado. Essa situação tem levado algumas instituições a desenharem cursos de pós-graduação apenas aos finais de semana com o intuito de permitir que as pessoas que trabalham durante a semana possam, pelo menos, frequentar as aulas assiduamente. Esse tipo de estratégia de divisão de trabalho, deixando os dias úteis da semana para o trabalho e os finais de semana para os estudos, pode funcionar para cursos de especialização, entretanto, para cursos de mestrado e doutorado, o tempo disponível durante a semana é muito importante para a realização de um curso de qualidade. Tal como explicado anteriormente, a produção de conhecimento exige muitas horas de dedicação por semana, e como a responsabilidade de concluir os projetos de pesquisa é compartilhada entre alunos e orientadores, estes irão preferir alunos com mais tempo disponível. Dispor de tempo integral durante a semana é uma grande vantagem ao se colocar como candidato a uma vaga. Nesse quesito, alunos recém-formados possuem certa vantagem com relação aos que estão inseridos há alguns anos no mercado de trabalho. Uma boa estratégia seria separar na agenda horários de dedicação ao curso e apresentar ao possível orientador. Mesmo que o candidato trabalhe e tenha pouco tempo disponível para o curso, ele deve procurar conseguir alguns dias com a sua empresa para poder cursar a pós-graduação. Isso será, certamente, muito bem recebido pelo futuro orientador.

Conhecimento de idiomas: Uma das qualificações mais apreciadas pelos orientadores é o conhecimento de idiomas, principalmente o da língua Inglesa. O detalhe a ser destacado neste item é que quase todos os professores pesquisadores que são orientadores, principalmente orientadores de mestrado e doutorado, possuem um bom conhecimento de idiomas. Por isso, eles saberão rapidamente identificar o nível do aluno, tanto na escrita quanto na fala. É recomendável que os alunos se preparem antes de ingressar em uma pós-graduação, pois certamente terão que enfrentar a leitura e a escritura de textos, além da apresentação de trabalhos orais em outra língua. Alunos com alto nível de conhecimento de outros idiomas são bastante atrativos para grupos de pesquisa, pois essa característica permitirá o estudo em livros estrangeiros e a leitura de artigos científicos publicados em revistas internacionais. Alunos com pouco ou nenhum conhecimento de línguas estrangeiras, por outra parte, serão incapazes de desempenhar tarefas corriqueiras de alunos de pós-graduação *stricto sensu*, como a apresentação de trabalhos em congressos internacionais, comunicação com pesquisadores estrangeiros, participação em intercâmbios etc.

Recomendação de outros professores: O fato de um professor aceitar um aluno para orientar em um curso de pós-graduação firma, de certa forma, um compromisso para a realização do trabalho de pesquisa proposto. Nesse sentido, a recomendação de outros professores pode fazer diferença na hora da escolha de orientandos, pois certamente despertará uma sensação de confiança no aluno recomendado. Alguns processos seletivos para cursos de pós-graduação são muito concorridos, atraindo vários candidatos bem qualificados e com bons níveis de idiomas. Nesse momento, quando o orientador dispõe de diversos alunos qualificados para realizar o estudo proposto, habilidades pessoais como a capacidade de trabalhar em grupo, liderança, comprometimento, capacidade de resoluções de conflitos etc. fazem a diferença na escolha. A relação orientador/orientando é complexa e difícil de entender pelos alunos iniciantes na pós-graduação. Estudantes com deficiências nas habilidades pessoais citadas têm o potencial de causar atraso no andamento dos projetos de pesquisa. Por isso, os orientadores também prestam atenção nessas habilidades ao escolher seus orientandos. Como o futuro orientador não tem como comprovar as habilidades pessoais por meio da documentação apresentada ou pela entrevista, é recomendável que o candidato leve cartas de recomendação para o encontro com o pretendido orientador, mesmo que elas não tenham sido solicitadas no processo seletivo, pois são elas que irão ratificar as habilidades pessoais descritas no seu currículo e afirmadas na entrevista.

Depois de conhecer as principais características que um professor/orientador procura em um candidato para aceitá-lo como orientando, vamos conhecer algumas características a serem avaliadas em professores de pós-graduação para que o candidato possa ter algumas referências de como escolher, entre os diversos professores disponíveis, o seu futuro orientador.

Caso o candidato tenha a possibilidade de escolha, essa será uma decisão importante, principalmente em cursos de mestrado e doutorado. O orientador escolhido atuará como um guia durante todo o curso e terá uma importante influência no processo de aprendizagem. Grande parte do conteúdo ensinado em cursos de pós-graduação *stricto sensu*, em que a pesquisa científica é a base da formação, *vem do aprendizado prático passado, no dia a dia, dos orientadores para os seus orientandos*. Nesse sentido, é desejável que o candidato escolha conscientemente o seu orientador para que as suas expectativas sejam atendidas durante o curso.

Antes de observar as características desejáveis de um bom orientador, o candidato precisa entender como funciona a relação orientador/orientando, pois o mau entendimento dessa relação pode trazer prejuízos ao andamento do curso devido a problemas de comunicação entre as partes. Para construir esse entendimento, vamos relembrar o papel do professor no processo de aprendizagem. A figura do professor é entendida, tradicionalmente, como o detentor do conhecimento que, por diferentes metodologias didáticas, irá ensinar aos seus alunos o conteúdo programático. Nessa relação professor/aluno, o conhecimento é transmitido basicamente na direção vertical. Apesar da modernização do ensino, objetivando promover a maior atuação do aluno no processo de aprendizagem por meio de metodologias ativas etc., a tarefa principal do professor continua, basicamente, a de transmitir aos seus alunos, de maneira sistemática, o conteúdo definido. A figura do orientador em cursos de pós-graduação, entretanto, exerce uma função majoritariamente de tutoria. O orientador atua no sentido de guiar o aluno durante o aprendizado prático do método científico e *direcionar o seu trabalho de pesquisa para que o aluno possa atuar de forma autônoma* e alcançar os objetivos previstos no projeto de pesquisa. Mesmo que o orientador defina o tema do trabalho de pesquisa, planeje a metodologia e estabeleça os objetivos da pesquisa, a sua realização dentro do curso de pós-graduação é de responsabilidade do estudante. O candidato a pós-graduando precisa entender que apesar do seu futuro orientador ter influência no sucesso da sua pesquisa, a responsabilidade de realizar os trabalhos práticos de acordo com o cronograma, coletar dados, realizar pesquisa bibliográfica etc. é do estudante. A presença de um bom orientador constitui apenas uma ferramenta para que estudante possa realizar o seu trabalho de maneira mais objetiva e correta, mas não garante a realização de uma boa formação. Isso tem que ser entendido para que os candidatos não pensem que o fato de ter um bom orientador lhes garantirá uma boa formação e sucesso em sua pesquisa.

Após o entendimento da responsabilidade do aluno na relação orientador/orientando, fica fácil entender que *apenas alunos aplicados e responsáveis terão vantagem na condução de sua pesquisa se forem orientados por melhores orientadores*. Com esse entendimento, o candidato já pode pensar em analisar os seus possíveis orientadores.

Existem diversas qualidades desejáveis para que um professor possa ser considerado um bom orientador para alunos em curso de pós-graduação. A seguir, nos deteremos em algumas delas, consideradas neste livro como as essenciais para nortear uma boa escolha.

Atuar regularmente com orientador: Muitos candidatos escolhem seus orientadores baseados em experiências anteriores. Um bom exemplo são os candidatos que desejam ser orientados por bons professores que tiveram no período da graduação. A boa atuação em disciplinas de graduação por alguns professores pode gerar admiração e posteriormente interesse em candidatos. Entretanto, nem sempre essa estratégia funciona, já que não existe uma relação direta entre ser um bom professor e ser um bom orientador. Os professores universitários exercem diversas tarefas no seu dia a dia, e as aulas em cursos de graduação é apenas uma delas. Atividades administrativas, aulas em cursos de graduação e pós-graduação e realização pesquisas científicas são as atividades mais comuns dos professores universitários, principalmente se tratamos de professores em regime de 40 horas e/ou dedicação exclusiva em uma determinada instituição. Normalmente, os professores dedicam, por afinidade, a maior parte do seu tempo a uma ou duas dessas atividades. Existem professores universitários com diversos perfis, uns com carreira majoritariamente administrativa, outros reconhecidos como bons pesquisadores devido à excelente pesquisa desenvolvida e professores reconhecidos pela sua dedicação às aulas, a escrita de livros etc. Ao escolher o seu orientador, verifique se ele atua regularmente na orientação de alunos de pós-graduação. No Brasil, essa informação é fácil de se obter, pois os currículos dos professores podem ser encontrados na plataforma Lattes (http://lattes.cnpq.br/). Caso o professor não tenha experiência na orientação de alunos de pós-graduação e seja um professor com uma longa carreira docente, isso pode significar que orientar alunos de pós-graduação não seja a sua prioridade na carreira. Ao contrário, professores com experiência na orientação de alunos de pós-graduação são uma boa escolha, pois estar engajado na orientação de alunos é um indicativo de que eles têm afinidade com esse tipo de atividade.

Ser um especialista no tema: Um professor ou pesquisador não conseguirá orientar o aluno em toda área de estudo. A orientação será, normalmente, limitada à sua área de conhecimento. Esse fato faz com que candidatos que tenham preferência por realizar suas pesquisas de pós-graduação em uma área muito específica tenham certa dificuldade em encontrar o seu orientador ideal. Ao se candidatar em processos seletivos de cursos de pós-graduação, o candidato normalmente se depara com um conjunto de professores disponíveis como orientadores, entretanto, atuando apenas em suas respectivas áreas. Isso significa que, na prática, *escolher um orientador significa também escolher a área de estudo* no qual o aluno desenvolverá a pesquisa durante o curso. Contudo, a análise da especialidade do potencial orientador não é uma tarefa fácil para candidatos sem experiência no mundo da pesquisa científica. Mesmo encontrando a descrição da área de atuação do professor site das faculdades, o candidato deve fazer uma análise mais detalhada para se certificar que o seu futuro orientador é realmente um especialista no tema. Uma análise adequada pode ser feita no Currículo Lattes do professor. O candidato deve entender que apenas ministrar aulas em uma determinada área não significa que um professor está capacitado para a orientação de pesquisas na referida área. Ministrar aulas em uma área específica é um bom indicativo, mas não constitui um certificado de capacidade de orientação. Outros requisitos devem estar presentes, principalmente aqueles que qualificam o professor como produtor de conhecimento na área de estudo como, por exemplo, a publicação de livros e artigos científicos na área e também a apresentação de trabalhos em congressos científicos etc. Essa produção deve ser regular ao longo dos anos, principalmente nos últimos cinco anos de atuação do professor.

Ser produtivo: Os orientadores produtivos são uma boa escolha para os candidatos a ingresso em cursos de pós-graduação por diversas razões. A primeira delas é que professores produtivos produzem artigos, livros etc. geralmente em conjunto com seu grupo de pesquisa, que normalmente é constituído por muitos alunos de pós-graduação. O fato de pertencer a um grupo de pesquisa e ser orientado por um pesquisador produtivo é um bom indicativo de que, possivelmente, o aluno se tornara um pós-graduando também produtivo na área. A produção de conhecimento por meio da divulgação científica é um dos principais indicadores de excelência da pesquisa produzida. Aqueles pesquisadores que conseguem transformar o resultado de suas pesquisas em livros, artigos, comunicações em congressos etc. o fazem pois o que produzem é de qualidade e de interesse da comunidade científica. Esse talvez seja um dos principais requisitos para a escolha de um bom orientador, principalmente para cursos de mestrado e doutorado. Vale ressaltar que essa análise deve ser feita levando-se em consideração a idade e o tempo de carreira dos professores, já que não se pode esperar que a produção de um professor jovem em início de carreira seja comparada com a de um professor com décadas de experiência em uma área. Vale salientar também que as diversas áreas do conhecimento apresentam diferentes parâmetros para qualificar um pesquisador como produtivo. Como exemplo, podemos citar que as áreas das ciências exatas, tecnológicas e da saúde produzem majoritariamente artigos científicos, enquanto as áreas de humanidades e ciências sociais produzem majoritariamente livros. Não se pode esperar o mesmo tipo de produção de um pesquisador na área de Artes e de um pesquisador da área de Química. É importante que o candidato conheça minimamente o tipo de produção da sua área para que não interprete erroneamente a qualidade da produção de seu futuro orientador. Outro fato a ser analisado, que está relacionado à avaliação da produção dos professores, é a qualidade da produção. Na ciência, a qualidade da produção é mais importante que a quantidade, mas a análise do que é importante em uma determinada área é uma tarefa difícil de ser feita por um candidato a ingressante na pós-graduação. Caso o candidato não consiga fazer essa avaliação, ele não deve hesitar em pedir a ajuda de outros professores ou alunos veteranos de pós-graduação. Estes rapidamente darão uma opinião útil sobre a produção do seu futuro orientador.

Ter disponibilidade: Seguindo as recomendações anteriores para a escolha de um orientador, é provável que o candidato opte pelo mais renomado e produtivo professor da instituição na qual irá cursar a sua pós-graduação. Entretanto, é importante saber que esse tipo de professor é, geralmente, bastante requisitado por outros alunos, podendo ter vários orientandos sob sua responsabilidade ao mesmo tempo. Toda essa carga de orientação somada à participação em eventos científicos, palestras e as próprias aulas, fazem com que esses professores tenham pouco tempo para cada um de seus orientandos. É importante saber que a disponibilidade também tem um componente pessoal, ou seja, pessoas muito ocupadas podem disponibilizar horários suficientes para atendimento, enquanto pessoas menos ocupadas podem preferir não disponibilizar tanto tempo assim. Isso significa que, não necessariamente todos os professores conceituados e produtivos estarão sempre indisponíveis para seus orientandos. Mas certamente significa que eles têm menos tempo disponível e que precisam fazer um esforço para atender a todos que o procuram. Nesse sentido, é importante saber quantos orientandos o seu futuro orientador já tem. Possuir cerca de oito orientandos, entre mestrandos e doutorandos, é um número razoável para pesquisadores chefes de grupos de pesquisa. Se o orientador tiver mais de dez alunos em seu grupo de pesquisa sob a sua orientação, será um pouco difícil o orientando ter pelo menos uma reunião semanal com ele. Uma boa dica é conversar com pessoas do grupo de pesquisa do futuro orientador para saber qual é a frequência que o orientador atende os seus alunos e qual é o tamanho do seu grupo de pesquisa. É comum encontrar alunos que foram orientados por pesquisadores internacionalmente renomados, mas que não tiveram uma boa experiência de orientação. Isso acontece, geralmente, devido ao excesso de compromissos do pesquisador ou até mesmo por ele ser uma pessoa "pouco disponível" para reuniões de grupo etc. Essa situação pode causar muita frustação nos alunos de pós-graduação, por isso, uma boa conversa antes da escolha, para conhecer a disponibilidade do futuro orientador, é importante.

O PROJETO DE PESQUISA

É comum que os programas de pós-graduação, principalmente os de mestrado e doutorado, peçam projetos de pesquisa como documento obrigatório a ser apresentado no processo de seleção para ingresso. Talvez, esse seja o item mais difícil de preparar pelos candidatos que almejam uma vaga em um curso de pós-graduação. Essa dificuldade é compreensível, já que o projeto de pesquisa é um dos últimos textos científicos que os pesquisadores aprendem a escrever. Então, é pouco provável que um aluno candidato a um curso de pós-graduação possa escrever um projeto de pesquisa de qualidade sem a ajuda de um pesquisador experiente. Mesmo que o candidato saiba escrever textos científicos ou que tenha participado de grupos de pesquisa na graduação, a escrita de um projeto de pesquisa ainda é uma tarefa difícil. Nessa seção, aprenderemos que tipo de projeto de pesquisa espera-se que um candidato apresente no processo de seleção e, principalmente, o que será avaliado em seu conteúdo, para que o aluno possa focar nos principais pontos e não perder tempo em coisas que não são importantes em processo de ingresso em cursos de pós-graduação.

Ao se deparar com um edital de ingresso em um programa de pós-graduação que pede um projeto de pesquisa como requisito obrigatório, vários alunos costumam procurar formatos de projetos de pesquisa na internet ao mesmo tempo em que pensam em temas de pesquisa na área que mais lhe interessam. É precisamente esse instinto de "independência e eficiência" para preparar um bom projeto que pode levar certos alunos a uma má avaliação do seu projeto de pesquisa, caso o candidato tente escrever o projeto sem nenhuma ajuda profissional. Tentar escrever um projeto de pesquisa sem ter experiência previa na referida área de pesquisa é muito arriscado, já que diversas partes do projeto de pesquisa exigem o emprego correto de informações técnicas, além de uma estratégia de pesquisa baseada no uso correto do método científico, ainda pouco conhecida por candidatos a alunos de pós-graduação. Um outro caso bastante comum é quando orientadores recebem alunos que já trazem uma proposta geral de pesquisa em temas que consideram interessantes. Nesse caso, é também comum que o tema proposto não vá adiante por um simples motivo: o orientador não será capaz de orientar um trabalho de pesquisa na área específica proposta pelo aluno, caso ele não seja especialista no tema. Caso o orientador aceite orientar esse tipo de pesquisa em que não é especialista, provavelmente, ele não poderá ajudar adequadamente o aluno na escrita do projeto, aumentando, assim, a probabilidade de que o projeto a ser escrito seja de má qualidade.

A primeira dica para os interessados em escrever um bom projeto de pesquisa é, após escolher o orientador, conversar com ele e perguntar em quais áreas de pesquisa orienta trabalhos de pós-graduação e, sobretudo, quais seriam os possíveis projetos a serem desenvolvidos sob a sua orientação no próximo processo de ingresso. Dessa forma, o orientador irá fornecer um conjunto de temas, que possivelmente já planejava desenvolver dentro da sua área, e o aluno poderá escolher entre eles o que melhor se ajusta à sua formação e aos seus desejos. Seguindo esse roteiro, o aluno não só garante um bom parceiro para a escrita do projeto, como também garante, caso seja aprovado, que seu projeto seja orientado por uma pessoa com experiência na área. Essa estratégia é bastante aconselhada para candidatos que nunca trabalharam com pesquisa científica antes. O candidato deve entender que, salvo algumas exceções, *apenas um pesquisador formado, ou seja, com doutorado e atuando na produção científica, será capaz de escrever um projeto de pesquisa de alta qualidade.* No caso dos candidatos a alunos de pós-graduação, a qualidade do projeto de pesquisa apresentado depende, em grande parte, da ajuda que tenham durante a escrita e, em menor parte, dos seus conhecimentos prévios sobre o tema. A falta de experiência na escrita de projetos de pesquisa é facilmente percebida pela banca de avaliação. Mesmo que o candidato seja, por exemplo, um bom aluno de matemática, sendo capaz de resolver qualquer equação, é pouco provável que ele conheça a fronteira do conhecimento em uma determina área de pesquisa no campo da Matemática. A ajuda de um pesquisador experiente será fundamental para que os candidatos consigam escrever um bom projeto de pesquisa e possam se destacar dos demais candidatos no processo de ingresso no curso desejado.

Outra dica importante é que o candidato peça algum projeto de pesquisa já escrito e desenvolvido pelo seu futuro orientador para que ele possa estudar e ter uma visão geral dos principais desafios da área de estudo. Com esse material em mãos, o candidato poderá, além de aprender sobre o tema, entender a estrutura de um projeto de pesquisa, quais são as suas principais partes e o que deve conter em cada uma delas. Entretanto, é importante frisar que *um projeto de pesquisa escrito para um processo de ingresso em programas de pós-graduação tem uma estrutura diferente de projetos de pesquisa escritos para conseguir verba em agências de fomento.* Levando em conta essa particularidade, apresentaremos nos próximos tópicos as principais diferenças entre esses tipos de projeto e ressaltaremos em qual informação o candidato deve focar. Dessa forma, se evitará perder tempo em etapas desnecessárias e, principalmente, o candidato poderá desenvolver a capacidade de redigir um projeto de qualidade e que possa ser um diferencial em seu processo de ingresso.

Principais características de um projeto de pesquisa

O fato de que muitos cursos de pós-graduação, principalmente aqueles que dispõem da realização de pesquisa científica como parte de sua formação, como os de mestrado e doutorado, pedirem um projeto de pesquisa no processo de seleção para ingresso, coloca os alunos que não fazem parte de grupos de pesquisa em uma situação de desvantagem perante aqueles que já fazem pesquisa regularmente. Os participantes de grupos de pesquisa durante a graduação já estão acostumados com a escrita científica e, possivelmente, já tiveram contato com algum projeto de pesquisa. A experiência com a produção e a análise de dados, a organização de resultados, a escrita de metodologias etc. os coloca certamente em posição mais confortável na hora de preparar o projeto de pesquisa para ingresso em curso de pós-graduação.

Superar o desafio de escrever um projeto de pesquisa sem ter participado de grupos de pesquisa não é tarefa fácil. Muitos alunos que se inscrevem em processos seletivos de ingresso em cursos de pós-graduação tentam escrever sozinhos o seu próprio projeto de pesquisa. Entretanto, essa estratégia é muito desafiadora e pode levar os alunos a tirarem notas baixas nessa etapa da seleção e assim baixar a nota geral. Além disso, caso o projeto de pesquisa tenha erros que possam comprometer a execução da pesquisa, o aluno pode ser questionado na entrevista e a banca pode considerar inviável a realização da pesquisa proposta.

O candidato deve entender a estrutura geral e, principalmente, a função do projeto de pesquisa no processo seletivo, para que possa escrever o seu projeto de maneira profissional. Mesmo que o candidato tenha a ajuda do seu futuro orientador na escrita do projeto, é importante que saiba como revisar o texto, acrescentar dados importantes e participar do processo de construção da estrutura da sua futura pesquisa. Seguindo as orientações descritas nessa seção, o candidato poderá disputar em igualdade de condições com alunos mais experientes em pesquisa, ou seja, aqueles que já participam do desenvolvimento de pesquisa dentro de um grupo de pesquisa.

Antes de escrever o seu projeto de pesquisa para ingresso em programas de pós-graduação, o candidato deve entender que o projeto de pesquisa é apenas um dos documentos necessários que precisam ser apresentados. Os documentos exigidos podem variar de instituição para instituição, entretanto, *é recomendável que todos os documentos apresentados estejam alinhados e sejam complementares.* Imaginemos que um aluno tente ingressar em um programa de pós-graduação em Geografia. Nesse caso, é desejável que o aluno tenha uma boa formação em Geografia, demonstrando em seu currículo por meio de cursos na área, participação em congressos relacionados à Geografia etc. Também seria interessante que o candidato conseguisse uma recomendação de um professor de Geografia e que o projeto de pesquisa proposto também seja na área de Geografia. Tudo isso, somado a um orientador especialista em temas de pesquisa na área de Geografia, com a proposta de que a pesquisa a ser realizada seja desenvolvida em um laboratório de Geografia, certamente dará a impressão de *exequibilidade ao projeto*. Esse tipo de alinhamento fortalece o projeto de pesquisa, pois demonstra que ele tem grandes chances de ser realizado devido a todos os fatores positivos apresentados. Quando esse alinhamento entre o perfil do aluno, o tema do projeto de pesquisa e a especialidade do orientador não ocorre, a proposta pode demonstrar deficiência, ou seja, riscos de não ser realizada. Em resumo, a recomendação é que *o tema escolhido para a escrita do projeto seja do domínio tanto do aluno quanto do professor, e que existam também condições institucionais para a sua realização*. Esse alinhamento inicial entre aluno, projeto e professor, juntamente com o fortalecimento da proposta por meio dos documentos adicionais pode construir uma proposta bastante competitiva perante a banca julgadora.

Uma boa estratégia para escrever um projeto de pesquisa é entender previamente quais serão os critérios de julgamento usados pela banca para sua avaliação. Dessa forma, o candidato saberá que tipo de informação a banca espera que o projeto de pesquisa contenha e, assim, poderá preparar um texto mais objetivo e com maior possibilidade de obter uma boa pontuação. O conhecimento sobre escrita científica, precisamente sobre a estrutura de projetos de pesquisa, também é fundamental, assim como ter conhecimento sobre o tema proposto. Entretanto, escrever um projeto de pesquisa genérico, sem levar em conta as características particularidades de um *projeto de pesquisa específico para ingresso nos programas de pós-graduação* é muito arriscado, pois somente a escrita de um projeto bem estruturado, mas sem aprofundamento na área escolhida, não garante uma boa avaliação. Isso acontece porque a maioria dos materiais disponíveis como modelo para a escrita de projetos de pesquisa têm como objetivo principal captar recursos financeiros em editais de agências de fomento a pesquisas. Esses projetos são, geralmente, escritos pelos líderes de grupos de pesquisa com a finalidade de conseguir financiamento para a pesquisa. E esse é um objetivo bastante diferente daquele do projeto de pesquisa apresentado para ingresso em programas de pós-graduação, que é *demonstrar que o candidato é um dos melhores entre os concorrentes* para ingressar no programa. Em resumo, o primeiro foca em revelar a capacidade do grupo de pesquisa proponente para desenvolver uma pesquisa científica importante e o segundo na capacidade do aluno para cursar adequadamente um programa de pós-graduação. Levando em conta essa diferença, vamos estudar os critérios de julgamento estabelecidos por bancas julgadoras para avaliar projetos de pesquisa que fazem parte de processos seletivos de ingresso em programas de pós-graduação.

A avaliação do projeto de pesquisa

Programas de pós-graduação bem conceituados e que apresentam uma grande demanda de alunos para ingresso comumente têm um número limitado de vagas, fazendo com que nem todos os candidatos sejam aprovados e possam ingressar no programa. A seleção dos ingressantes feita pelas bancas julgadoras é baseada nas notas obtidas pelos candidatos nas etapas do processo seletivo, que, em geral, é composto por apresentação de documentos, além de prova teórica e entrevista. Nesse contexto, o projeto de pesquisa se destaca como um dos principais itens a ser apresentado pelo candidato. A avalição da qualidade do projeto de pesquisa, bem como a análise da viabilidade de sua execução baseiam-se em *três aspectos principais: a qualidade do projeto de pesquisa em si, a capacidade do aluno de realizar o projeto proposto e a capacidade do grupo de pesquisa em dar suporte para a sua realização.* Notamos que não só a qualidade do projeto de pesquisa será avaliada, mas também a viabilidade dele ser desenvolvido adequadamente.

Projetos de pesquisa bem elaborados são aqueles que passam a impressão de uma maior possibilidade de que *os resultados esperados sejam alcançados,* e que desses resultados poderão ser geradas produções científicas ou técnicas, como publicações em periódicos científicos, patentes, produtos para o mercado etc. Delegar a tarefa da escrita de um projeto de pesquisa a candidatos com formação insuficiente, que não sejam suportados por um grupo de pesquisa e que não conheçam a *infraestrutura necessária* para a execução do projeto proposto diminui consideravelmente as chances de sucesso no processo de seleção.

Conhecer os princípios do processo avaliativo certamente facilitará a preparação do projeto de pesquisa, pois dessa maneira o candidato irá centrar seus esforços em mostrar a potencialidade do seu projeto dentro dos aspectos mais importantes da avaliação. Ao receber um grande número de projetos para avaliar, a banca terá a tendência de aprovar aqueles que demonstrem ter, além de boa qualidade científica, maior chance de serem desenvolvidos com sucesso.

A seguir detalharemos os principais quesitos que são avaliados em um projeto de pesquisa para ingresso em cursos de pós-graduação:

Qualidade do projeto de pesquisa: O projeto de pesquisa é um dos principais documentos apresentado pelo candidato ao fazer a sua inscrição no processo seletivo de ingresso. É por meio da sua avaliação que a banca irá medir a qualidade da pesquisa proposta pelo candidato para ser desenvolvida em seu curso de pós-graduação. Essa avaliação versa sobre diversos aspectos de seu conteúdo, desde científicos até econômicos. Espera-se que o candidato apresente um tema atual, com a apresentação de uma metodologia correta a ser seguida, cujos resultados sejam considerados importantes em sua área. A *novidade da pesquisa* é um dos principais quesitos a ser avaliado. Nesse aspecto, os candidatos devem ser cuidadosos ao dosar a abrangência e a quantidade de resultados propostos. Projetos muito ambiciosos podem passar a impressão de que seus objetivos não serão alcançados devido à alta demanda de tempo e recursos financeiros para a sua realização.

Ao mesmo tempo, projetos muitos simples passam a sensação de que não valem a pena a aprovação. Para escrever um projeto de pesquisa na medida certa para um curso de pós-graduação é necessário levar em consideração o tempo de duração do curso e os recursos disponíveis. Aspectos da forma do projeto de pesquisa, como a presença e a escrita correta das suas partes essenciais (introdução, metodologia etc.) também são avaliados pela banca. Consequentemente, o candidato, além de traçar uma boa estratégia científica para o seu projeto de pesquisa, deve aprender a escrever a estrutura um projeto de pesquisa. Como já comentado anteriormente, a tarefa de planejar, escrever e revisar o projeto de pesquisa é, em geral, realizada pelo candidato em conjunto com o futuro orientador, que ao analisar o tema, o perfil do aluno e a possibilidade do grupo de pesquisa, indica o quão ambicioso deve ser o objetivo do projeto. Mais adiante, veremos detalhadamente como estruturar um projeto de pesquisa para ingresso em programas de pós-graduação.

Capacidade do candidato para desenvolver o projeto: Mesmo que o projeto de pesquisa esteja bem escrito e que a importância de seus resultados esteja baseada em evidências científicas fortes, o seu desenvolvimento apenas é garantido se o aluno e o seu grupo de pesquisa forem capazes de desenvolvê-lo. No caso do aluno, essa capacidade é avaliada por diversos fatores, entre eles a formação e a experiência na área. Caso o aluno consiga demonstrar em seu currículo que já tem experiência na execução de outros projetos de pesquisa na área, a sua avaliação nesse item será positiva. Alunos que já participaram de grupos de pesquisa levam certa vantagem em relação aos alunos que nunca tiveram contato com o desenvolvimento de pesquisas científicas. Os alunos que nunca participaram de projeto de pesquisa antes, ou seja, que não possuem experiência na produção de conhecimento por meio do uso do método científico, devem escolher uma área de pesquisa em que seus conhecimentos teóricos permitam uma boa realização do projeto. Propor o desenvolvimento de uma pesquisa em área diferente da formação do candidato é um ponto negativo e deve ser feito somente se o aluno tiver alguma experiência prévia na área proposta, caso contrário, a avaliação do seu projeto de pesquisa pode ser prejudicada. Conhecendo esse ponto com antecedência à data de inscrição no processo seletivo, o candidato pode buscar programas de pós-graduação que apresentem áreas correlatas à sua formação e experiência. Assim, terá mais facilidade de escrever o projeto e, certamente, será considerado pela banca avaliadora capaz de desenvolver o projeto proposto.

Condições de infraestrutura para a realização do projeto: O último pilar para garantir uma boa avaliação do projeto de pesquisa é a garantia de que o aluno terá condições de infraestrutura adequada na instituição para desenvolver o projeto proposto. Não adianta escrever um projeto de pesquisa inovador, ser um candidato com formação na área e não ter as condições necessárias para a execução do projeto no grupo de pesquisa onde o candidato pretende realizar o projeto. Nesse sentido, é importante verificar se o futuro orientador pertence a um grupo de pesquisa que possa oferecer as condições necessárias de equipamentos, espaço, verba etc. para conseguir os objetivos propostos no projeto. Esse é, certamente, o tema principal a ser conversado entre candidato e seu futuro orientador em conversas prévias à escrita do projeto de pesquisa.

Após entender o processo avaliativo feito pela banca avaliadora, principalmente conhecer que aspectos serão avaliados de um projeto de pesquisa para ingresso em cursos de pós-graduação, pode-se perceber que *a novidade do tema de pesquisa em si não garante a sua boa avaliação*. Outros elementos são importantes para convencer a banca avaliadora que o projeto apresentado é um dos melhores e merece ser aprovado. Na próxima seção vamos aprender a estruturar o projeto de pesquisa levando em conta os principais critérios de avaliação anteriormente comentados.

A estrutura do projeto de pesquisa

O projeto de pesquisa representa a proposta da pesquisa a ser realizada pelo candidato, caso ele seja aprovado para ingressar no programa de pós-graduação. Ou seja, ao escrever o projeto, o candidato deve ter em mente que ele ainda não possui os resultados ou as conclusões da pesquisa para apresentar. O que será apresentado se resume, apenas, à *hipótese a ser testada durante a pesquisa, juntamente com a metodologia necessária para testá-la*. Dessa forma, o candidato deve focar a sua escrita em evidências que justifiquem a sua hipótese e em fatos que demonstrem que a metodologia apresentada é a correta.

De uma maneira geral, a estrutura de um projeto de pesquisa segue basicamente um esquema em que *as principais seções são os objetivos do projeto e a metodologia empregada*. São nessas seções que a banca irá avaliar a qualidade da pesquisa proposta, assim como os riscos de o projeto apresentado não ser realizado pelo aluno durante a sua pós-graduação. As demais seções, como introdução, cronograma etc. são complementares aos objetivos e a metodologia.

A seguir, apresentaremos detalhadamente as partes de um projeto de pesquisa específico para ingresso em processos seletivos de cursos de pós-graduação, descrevendo as principais características de cada seção do projeto de pesquisa e apresentando que tipo de informação o candidato deve fornecer em cada uma delas, assim como os cuidados que devem ser tomados para que as partes apresentem uma sequência lógica de informações, para que toda a informação desejada seja apresentada e para que as seções sejam complementares. Ao entender a função de cada seção do projeto de pesquisa, o candidato poderá, certamente, escrever um projeto de qualidade e com grande possibilidade de ser bem avaliado pela banca examinadora do processo seletivo.

Título: O título do projeto de pesquisa fornecerá a primeira impressão que a banca avaliadora terá do projeto, então, o candidato deve entender que esse é o momento de demonstrar a novidade e a importância científica do que pretende pesquisar. Essa boa impressão pode ser conseguida por meio do uso de palavras adequadas e atuais da área e principalmente por meio de uma escrita clara e precisa. Ao ler o título do projeto, a banca avaliadora precisa saber *exatamente o que o aluno pretende realizar durante a sua pós-graduação*. O título do projeto deve ser curto, na medida do possível, ocupando no máximo duas ou três linhas. Ao mesmo tempo, deve ser específico quanto à descrição do trabalho a ser realizado. No título não cabe dualidade ou termos muito generalistas. Ao escrever títulos muito rebuscados ou com o uso de termos genéricos, o candidato pode confundir a banca ou até mesmo passar a impressão de que está perdido nos objetivos da sua pesquisa. Observando um exemplo extremo de generalismo, imaginemos que um candidato apresente como título de seu projeto de pesquisa: "A cura da aids por meio de pesquisas avançadas". Esse título é um exemplo exagerado de um título generalista. Nesse caso, a banca não saberia quais seriam as estratégias científicas ou a metodologia a ser empregada pelo candidato para conseguir os objetivos propostos. Avaliemos esse outro: "Aumento da sobrevida de pacientes HIV positivos por meio do uso de uma combinação de medicamentos antivirais". O último título apresentado faz referência aos objetivos do trabalho, assim como à metodologia a ser empregada. A banca, ao lê-lo, saberá exatamente o que o autor pretende executar e de que maneira. Para que o título possa realmente refletir o que o candidato pretende realizar em suas pesquisas, ele deve ser revisado à medida que os objetivos e a metodologia são escritos. Mesmo que o título seja estabelecido no início da escrita do projeto, ele deve ser revisado ao final com o intuito de verificar se está de acordo com os objetivos e a metodologia do trabalho proposto. É importante saber que mesmo que as outras partes do projeto de pesquisa estejam bem escritas e que o trabalho proposto demonstre novidade científica, se a banca avaliadora não entender o título ou se ele não for complementar aos objetivos do trabalho, a banca possivelmente não dará uma boa avaliação ao projeto.

Outro importante cuidado que o candidato deve ter ao escrever o título diz respeito à supervalorização do trabalho proposto. Escrever títulos muito ambiciosos com o objetivo apenas de valorizar o projeto em sua avaliação pode causar um efeito reverso, pois se a banca perceber que os objetivos e a metodologia não condizem com o título apresentado, o projeto será certamente mal avaliado. Em vez disso, o aluno deve buscar especificidade, ou seja, o título deve descrever, exatamente e somente, o que será feito no projeto, caso ele seja aprovado. O candidato deve entender que a revisão do título depois do projeto escrito é uma ação normal e desejável. Conversas com o futuro orientador antes da apresentação dos documentos no processo seletivo são momentos adequados para se ajustar o título do projeto.

Autores: Geralmente, os projetos de pesquisa para ingresso em cursos de pós-graduação têm a autoria apenas do aluno, ou, no máximo, do aluno e de seu futuro orientador. Entretanto, antes de colocar os nomes dos autores de seu projeto de pesquisa, é importante conhecer o significado de autoria em textos científicos. *Autoria é o reconhecimento da contribuição científica dada a uma pessoa que participou da escrita do texto.* Assim, é fácil entender que se o aluno preparou o projeto de pesquisa em conjunto com o seu futuro orientador, tanto o aluno quanto o orientador devem constar como autores do projeto. A informação sobre quem são os autores do projeto de pesquisa deve ser apresentada na capa do projeto, juntamente com o título. Caso o futuro orientador tenha fornecido um projeto seu, pronto, para que o aluno use no processo de seleção, deve-se estar atento para o fato de que esse projeto pode ser uma fração de um projeto maior de pesquisa financiado, cujo futuro orientador é o pesquisador principal. Nesse caso, o aluno deve inserir essa informação na capa do projeto. Hoje em dia, é comum que os membros das bancas avaliadoras passem os textos científicos em softwares de plágio. Se o projeto apresentado for parte de algum grande projeto já financiado e/ou em desenvolvimento, o software irá indicar o plágio. Para evitar esse tipo de confusão, caso o projeto faça parte de algum projeto maior já em desenvolvimento, essa informação deve ser inserida na capa do projeto apresentado. O candidato deve ter em mente que o objetivo da avaliação do projeto de pesquisa em um processo seletivo de pós-graduação não é verificar se o aluno sabe escrever um projeto sozinho, é verificar se a pesquisa proposta poderá ser realizada adequadamente. Então, o candidato não deve hesitar em colocar todos os reais autores do projeto por receio de que isso possa desmerecer o seu mérito. Até mesmo por questões éticas, todos os autores do projeto devem constar na capa. O mesmo raciocínio vale para aqueles projetos que são escritos exclusivamente pelos candidatos. Caso o candidato tenha escrito o projeto sem ajuda externa, ele deverá ser o único autor a constar na capa do projeto.

Resumo: Escrever o resumo de um projeto de pesquisa parece uma tarefa fácil, mas na realidade, não é. A função do resumo em um projeto de pesquisa é dar ao leitor uma noção da hipótese apresentada, sua importância científica e apresentar brevemente a metodologia a ser usada. Passar toda essa informação em poucas palavras não é tarefa simples, principalmente para um candidato a aluno de pós-graduação, que provavelmente ainda não tem experiência na escrita de textos científicos. A principal dica para verificar se o resumo do projeto foi bem escrito é assegurar-se de que as informações-chave das principais partes do projeto estão presentes no texto, ou seja, se o leitor consegue, ao concluir a leitura do resumo, visualizar o projeto como um todo. Um resumo que realmente represente o trabalho a ser feito deve conter uma breve descrição do contexto do problema a ser resolvido, juntamente com a hipótese a ser testada para a resolução do problema, além de uma breve apresentação da metodologia. Uma boa finalização do resumo é usar frases sobre os resultados esperados. A recomendação é que o resumo seja *uma das últimas partes a serem escritas*, pois como ele tem que dar uma visão geral do projeto, somente ao final da escrita do projeto o aluno poderá verificar se o resumo realmente representa o trabalho como um todo. Do ponto de vista avaliativo, a escrita de um bom resumo é estratégica, já que a sua leitura constitui um dos primeiros contatos que a banca terá com o trabalho proposto. É durante a leitura do resumo que a banca percebe a importância científica do projeto. Dessa forma, é importante que o candidato dedique tempo para escrever um resumo tecnicamente bem estruturado, claro e que deixe o avaliador ansioso por ler as demais partes do projeto.

Introdução: A introdução do projeto de pesquisa é a primeira seção que a banca avaliará detalhadamente. Ao encontrar um texto confuso, desatualizado, com referências impróprias e, principalmente, um texto que não segue as premissas da escrita científica, a banca certamente não fará uma avaliação positiva do projeto apresentado. É importante lembrar que em um processo seletivo a banca irá avaliar diversos projetos de diferentes áreas e subáreas, e que os membros da banca avaliadora, em geral, pertencem a áreas distintas. Em consequência, as pessoas que irão avaliar os projetos não, necessariamente, serão especialistas no tema de pesquisa proposto. Essa preciosa informação deve direcionar não só a escrita da introdução, mas de todas as demais partes do projeto de pesquisa. Nesse caso, escrever um texto com excesso de jargão científico da área pode fazer com que os avaliadores tenham dificuldade para entender as principais informações contidas no texto. Na introdução, o candidato deve mostrar claramente uma sequência de ideias que faça com que os membros da banca avaliadora tomem conhecimento do problema científico abordado e, na sequência, entendam a estratégia científica proposta pelo candidato para resolvê-lo. A hipótese a ser testada durante a pesquisa científica deve ser apresentada de forma clara, assim como informações sobre a novidade dessa estratégia e as suas vantagens com relação às demais soluções existentes. A seguir, estudaremos um exemplo de uma sequência de ideias que pode ser seguida pelo candidato ao preparar a introdução de seu projeto de pesquisa para ingresso em cursos de pós-graduação.

A introdução do projeto de pesquisa pode, por exemplo, descrever primeiramente o problema científico a ser superado, dando ênfase aos prejuízos causados por ele, assim como os benefícios da sua resolução. Em seguida, apresentar a estratégia científica escolhida para resolvê-lo, a qual deve ser inédita e com fortes evidências científicas de que funcionará. É importante ressaltar que todas essas informações apresentadas na introdução devem ser provadas por referências bibliográficas. Na escrita científica, não cabem informações sem fonte confiável, meras especulações ou conclusões sem base em dados científicos. Em um projeto de pesquisa apresentado em um processo seletivo de ingresso em cursos de pós-graduação, a banca espera que o candidato cite fontes confiáveis, como livros, artigos científicos, teses ou dissertações etc. Falhas em citações podem comprometer seriamente a avaliação do projeto apresentado. O candidato deve ter muito cuidado ao citar material de internet de fontes não científicas. Em caso de dúvida sobre a veracidade de alguma informação científica, o candidato deve consultar o seu futuro orientador.

A escrita de uma sequência lógica de ideias na introdução é essencial para o bom entendimento da banca sobre o conteúdo apresentado. Em outro exemplo de sequência de informações, o candidato poderia apresentar o problema existente, discorrer sobre todas as alternativas usadas até o momento para resolver o problema e citar vantagens e desvantagens de cada uma. Logo após, apresentar a solução científica alvo do projeto, mostrando sempre as suas vantagens científicas e econômicas sobre as outras soluções apresentadas até o momento. Devem-se, também, evidenciar os benefícios que essa solução poderia trazer para a sociedade. Com uma sequência de ideias adequada e estando bem atualizado no tema, o candidato conseguirá escrever uma boa introdução. Uma última dica sobre a escrita da introdução é que ela não deve ser muito longa e cansativa. Revise-a várias vezes para cortar partes redundantes e que quebrem a sequência de ideias.

Objetivos: Considerando que o projeto de pesquisa consiste apenas em uma proposta de pesquisa a ser realizada no futuro, o candidato não terá resultados a apresentar, podendo apenas descrever no projeto como conseguirá os resultados propostos. Seguindo essa linha de raciocínio, os objetivos e a metodologia constituem o núcleo mais importante do projeto, já que descrevem o que se planeja alcançar e com que métodos. Por isso, o candidato deve dedicar tempo e prestar muita atenção na estruturação dessas seções. São nelas que os avaliadores conseguem identificar a novidade do projeto e a sua exequibilidade, ou seja, a probabilidade que o aluno consiga executar o que foi proposto. Os objetivos são, em geral, estruturados em duas subseções, objetivo geral e objetivos específicos. No objetivo geral, o candidato precisa deixar claro o principal e mais importante objetivo do projeto. Um objetivo geral confuso ou que não esteja em plena sintonia com o título do projeto pode levar a uma má avaliação do projeto. Então, ele deve ser apresentado de maneira sucinta e clara, ocupando entre uma e três linhas. São os objetivos específicos que apresentam aos avaliadores a *qualidade do planejamento da pesquisa a ser realizada e o seu nível de profundidade* no tema. Deve-se evitar, sobretudo, escrever os objetivos específicos como uma parte complementar ao objetivo geral ou como uma simples divisão de etapas aleatórias.

O candidato deve aproveitar a importância dos objetivos específicos para demonstrar a qualidade científica do projeto de pesquisa proposto, pois dessa forma dará uma ótima impressão aos avaliadores. E para entender a estruturação dos objetivos específicos, é importante saber primeiramente que não existe um número exato de objetivos específicos em um projeto, mas esse número deve fazer sentido. Uma boa estratégia é apresentar os objetivos específicos de acordo com a sequência das etapas necessárias para a execução do projeto, observando também divisões por temas e/ou tarefas afins. Ou seja, é preciso separar os pequenos passos a serem dados para se obter o objetivo geral, mas essa divisão deve basear-se em juntar pacotes de tarefas que sejam relativamente independentes e que delas seja possível obter resultados importantes dentro do projeto. Após identificar essas tarefas independentes e sua sequência, é essencial descrevê-las o mais corretamente possível, sempre usando os termos adequados da área. Espera-se também que nos objetivos específicos o candidato demonstre um maior aprofundamento no tema, quando comparado ao objetivo geral. Por exemplo, se o objetivo geral do projeto for: "Desenvolver um carro voador movido a etanol e produzido no Brasil". Os objetivos específicos poderiam ser apresentados como: a) desenvolvimento do projeto aerodinâmico da carroceria; b) desenvolvimento das asas; c) estudo do consumo do motor a etanol; d) estudo econômico de produção do carro em fábricas brasileiras etc. Nesse exemplo aleatório, pode-se perceber que o objetivo geral é de fácil entendimento, porém não detalha os passos a serem seguidos durante a pesquisa para que o objetivo final seja conseguido. Entretanto, lendo os objetivos específicos, o leitor consegue imaginar que ao final do projeto, se a pesquisa tiver sucesso, o carro estará pronto. Essa é a lógica da escrita dos objetivos de um projeto de pesquisa e deve ser seguida pelo candidato para que o seu projeto seja bem avaliado no processo de seleção de ingresso.

Metodologia: Chegamos, enfim, à parte fundamental do projeto de pesquisa. É na avaliação da metodologia que a banca costuma levantar as maiores dúvidas e questões sobre a viabilidade da execução do projeto de pesquisa. Isso acontece porque apenas pesquisadores experientes em uma determinada área conseguem escrever metodologias corretas para elucidar algum problema científico em especial. Os candidatos que tentem escrever sozinhos os seus projetos, ou seja, sem a ajuda ou revisão de um pesquisador experiente, terão poucas chances de construir uma boa metodologia. Por isso, é recomendável que o futuro orientador ou algum pesquisador da área possa ajudar a construir o texto ou revisá-lo. Caso o candidato esteja disposto a escrever sozinho o seu projeto de pesquisa, uma especial dedicação à leitura de artigos, teses e dissertações na área se faz necessária. É importante reconhecer que apenas um candidato especialista e atualizado na área de pesquisa proposta é capaz de construir uma metodologia capaz de testar a hipótese científica pretendida. Dessa maneira, o candidato precisa entender que para escrever uma metodologia que possa ser bem avaliada pela banca, ele deve estar atualizado no tema de pesquisa proposto, deve entender a estrutura e a função da metodologia dentro de um projeto de pesquisa e, se possível, deve submeter a metodologia do seu projeto a uma revisão de um pesquisador mais experiente. Na impossibilidade de realizar uma revisão final da metodologia por um pesquisador experiente, o candidato deve focar os seus esforços no entendimento da estrutura e na função da metodologia e tentar apresentar um texto atualizado e com uma boa base científica.

O entendimento da função da metodologia dentro do projeto de pesquisa é o primeiro passo para subsidiar uma boa escrita, pois ajudará o candidato a fornecer as informações fundamentais esperadas pela banca julgadora. De uma maneira geral, o papel da metodologia dentro de um projeto de pesquisa não é difícil de entender, principalmente se o aluno dedicou tempo suficiente para escrever os objetivos específicos. A função da metodologia é mostrar para a banca avaliadora como os resultados esperados provenientes dos objetivos específicos serão alcançados. Em outras palavras, podemos também definir a metodologia como a apresentação dos métodos científicos usados ao longo da pesquisa para obter cada um dos objetivos específicos apresentados no projeto.

Uma boa estratégia para escrever a metodologia é estabelecer uma relação direta com os objetivos específicos, ou seja, *para cada objetivo específico deve-se escrever uma etapa de metodologia para explicá-lo*. Dessa forma, não se deve deixar nenhum objetivo específico sem a sua respectiva etapa dentro da metodologia. O objetivo específico responde à pergunta "o que queremos fazer?", enquanto o seu respectivo tópico na metodologia deverá responder à pergunta "como iremos alcançar esse objetivo?". Então, o número de tópicos da metodologia nunca deve ser menor que o número de objetivos específicos para não deixar nenhum deles sem a sua metodologia correspondente. Entretanto, a metodologia pode ter etapas extras, como revisão bibliográfica, coleta de amostras, escritura de artigos, entre outras.

Todas as etapas descritas na metodologia devem ser cuidadosamente descritas, sempre levando em consideração as premissas da escrita científica, como, por exemplo, a impessoalidade na hora de descrever os métodos. Ou seja, deve-se evitar escrever na primeira pessoa do singular, tal como "eu realizarei" ou na primeira pessoa do plural, como "nós coletaremos as amostras etc.". Usar no texto da metodologia estruturas como "serão coletados...", "realizou-se..." ou "será realizado..." torna a descrição dos métodos em acordo com a escrita científica. Todos os métodos que serão empregados devem ser explicados e referenciados, assim como os equipamentos usados devem ser descritos detalhadamente. Geralmente, a metodologia é a parte mais longa do projeto de pesquisa, pois nela é descrito como o candidato pretende realizar experimentos, coletar dados, analisá-los etc., para alcançar os seus objetivos. Caso a banca avaliadora perceba que os métodos apresentados não são suficientes para conseguir os objetivos propostos, a nota do projeto como um todo será provavelmente baixa. Mesmo que a ideia principal do projeto seja inovadora, a ausência de uma metodologia adequada comprometerá a nota final da avaliação do projeto de pesquisa.

Uma peça fundamental na avaliação da metodologia de projetos de pesquisa feita pela banca avaliadora é se *o grupo onde o candidato pretende realizar a sua pesquisa é capaz de fornecer todas as metodologias citadas no projeto*, incluindo equipamentos etc. Por isso, o candidato deve estar atento e buscar informações no futuro grupo de pesquisa sobre as metodologias e equipamentos disponíveis, para que não cite na metodologia de seu projeto alguma coisa que não esteja ao seu alcance durante a realização de seu curso de pós-graduação. Entretanto, o candidato deve saber que é possível colocar metodologias que não estejam presentes no futuro grupo de pesquisa do candidato, mas, nesse caso, a metodologia do projeto deve descrever claramente como o candidato pretende ter acesso a essas novas metodologias. Como exemplo, podemos citar um projeto de pesquisa na área de Física, em que o candidato prevê realizar experimentos em um acelerador de partículas. Nesse caso, a banca avaliadora perceberá facilmente se não existir acelerador de partículas na instituição. Assim, o candidato que citar o uso de aceleradores de partículas em sua metodologia deve inserir também a informação de como fará para ter acesso ao equipamento, onde o equipamento está localizado, as fontes financeiras que suportarão o uso desse equipamento tão avançado etc.

Cronograma: A lógica da avaliação do cronograma é verificar se as etapas propostas pelo candidato podem ser cumpridas dentro do prazo disponível no curso de pós-graduação. Além disso, é por meio do cronograma que a banca pode verificar se o candidato tem clareza sobre a dedicação de tempo necessária para cada etapa do projeto, assim como da sequência de execução das etapas da metodologia. Um erro básico a ser evitado é deixar alguma etapa prevista na metodologia sem sua respectiva duração no cronograma.

Além de escrever um cronograma condizente com a metodologia proposta, o candidato deve se atentar para a duração de seu curso de pós-graduação. É importante não colocar etapas no cronograma que não terão tempo de serem realizadas dentro do período do curso. Ao escrever o cronograma, o candidato deve lembrar que um curso de pós-graduação que exige pesquisa é composto por disciplinas e trabalho prático de pesquisa. E o peso da pesquisa na carga horária do curso depende do tipo de curso de pós-graduação pretendido. Cursos de especialização, em geral, apresentam uma carga menor de pesquisa na sua carga horária, enquanto cursos de mestrado e doutorado dispõem de parte de pesquisa com maior peso na carga horária total. Esse aspecto deve ser levado em conta na hora de construir um cronograma adequado. No caso de cursos de mestrado, o primeiro ano do curso é quase totalmente preenchido por disciplinas, enquanto no segundo ano o aluno se dedica integralmente à sua pesquisa. Assim, o aluno deve preencher o cronograma do primeiro ano com pequenas tarefas de revisão bibliográfica, além de trabalho experimental preliminar. No segundo ano do mestrado, o cronograma deve conter exclusivamente a dedicação à pesquisa pretendida. No caso de projetos escritos para cursos de doutorado, o cronograma dos últimos três anos são, geralmente, dedicados integralmente à pesquisa, enquanto o primeiro ano é aquele dedicado às disciplinas.

O formato do cronograma pode variar, mas é comum evitar a sua descrição em forma de texto, já que esse formato impede a rápida visualização das etapas do projeto. Em geral, cronogramas de projetos de pesquisa são apresentados em forma de tabelas ou gráficos. As tabelas são as mais utilizadas, pois são fáceis de construir e de analisar. No caso de escolher uma tabela como forma de apresentação, é recomendável que o candidato não preencha as linhas ou colunas da tabela com excesso de texto. O ideal é que sejam preenchidas com palavras ou frases curtas. Dessa forma, a banca poderá rapidamente identificar no cronograma as etapas da metodologia, a sequência de etapas e a duração de cada uma. A apresentação do cronograma sob a forma de gráfico também é uma boa opção, desde que o tipo de gráfico escolhido seja intuitivo e de fácil visualização. Nesse quesito, o gráfico de Gantt é uma boa opção, já que apresenta a sequência de etapas de forma fácil e permite a alocação de diversas informações.

Orçamento: Apesar de o orçamento ser uma seção fundamental em projetos de pesquisa que visam conseguir financiamento, como em projetos que os chefes de grupos de pesquisa enviam para agências de fomento, essa seção não é obrigatória em projetos de pesquisa escritos para ingresso em cursos de pós-graduação. Caso o candidato mantenha essa seção no texto, é importante demonstrar, além dos custos necessários para a realização da pesquisa proposta, informações sobre a capacidade do grupo de pesquisa acolhedor de bancar os custos da pesquisa durante o curso de pós-graduação. Isso pode ser feito relacionando os métodos e equipamentos eventualmente necessários para a realização da pesquisa com aqueles disponíveis no grupo de pesquisa do futuro orientador. Demonstrar que o grupo de pesquisa acolhedor apresenta projetos de pesquisa aprovados com recursos disponíveis e capazes de cobrir os gastos da pesquisa proposta é uma boa estratégia para evidenciar a exequibilidade do projeto proposto, e assim melhorar a avaliação geral do projeto. Essa seção, apesar de não obrigatória nesse tipo de projeto, se bem escrita, pode aumentar a pontuação final do projeto.

Referências bibliográficas: As referências bibliográficas serão verificadas pela banca à medida que os membros forem lendo as seções do projeto. Isso significa que colocar referências inadequadas irá enfraquecer os argumentos apresentados para justificar a execução do projeto, mesmo que esses argumentos sejam verdadeiros. Isso acontece porque na ciência todas as afirmações devem ser suportadas por referências bibliográficas adequadas para que tenham credibilidade científica. Porém, o grande problema, nesse caso, é que o candidato a aluno de pós-graduação raramente conhece as melhores referências da área em questão. Para corrigir essa deficiência, o candidato deve se esforçar bastante durante o início da escrita do projeto de pesquisa lendo artigos científicos, livros, teses, dissertações etc.

Para que o candidato possa construir um texto usando citações científicas corretas, é essencial que ele conheça as bases de dados científicas onde é possível consultar artigos científicos, livros etc. Essas bases de dados são, em sua maioria, pagas e estão disponíveis apenas em universidade e centros de pesquisa.

Alguns exemplos dessas bases de dados são os portais on-line Webofscience, Science direct, Scopus etc. Felizmente, existem algumas bases de dados gratuitas na internet. As mais conhecidas são o portal científico Scielo, no qual todo o material é aberto e gratuito, e o Google Acadêmico, que direciona a busca tanto para material científico gratuito quanto pago.

Basear a escrita do projeto e, consequentemente, as suas citações apenas em dissertações, trabalhos de conclusão de cursos (TCCs) e teses disponíveis na internet pode limitar a qualidade do texto a ser apresentado. E realizar a pesquisa sobre o tema do projeto apenas em páginas web é impensável para a construção de um texto cientificamente aceitável. Artigos científicos e livros são os materiais mais confiáveis para o desenvolvimento e embasamento do texto. Caso o candidato queira garantir a qualidade das informações científicas inseridas no seu projeto, ele deve complementar a busca com consultas ao futuro orientador ou com algum outro pesquisador experiente da área. Referências erradas, inexatas ou antigas podem levar o candidato a construir um texto equivocado, que certamente receberia uma nota muito baixa no processo avaliativo.

Não existe um número exato de referências bibliográficas a ser usado em um projeto de pesquisa para ingresso em curso de pós-graduação, mas algo variando entre 20 e 40 pode ser adequado.

PROVA ESCRITA

A prova escrita é a etapa mais simples em todo o processo de seleção de ingresso em cursos de pós-graduação, pois o sucesso do candidato nessa etapa pouco depende de sua participação prévia em grupos de pesquisa, de produção científica etc. Por isso, os candidatos devem se preparar adequadamente para garantir uma boa nota, já que, provavelmente, muitos outros candidatos também terão um bom desempenho nessa etapa.

O PROCESSO SELETIVO DE INGRESSO

Um bom desempenho na prova escrita, além de contribuir positivamente para a nota final do processo seletivo, também contribuirá para a construção de uma boa imagem do candidato perante a banca examinadora e para o próprio orientador. O candidato que tira uma nota baixa na prova escrita passa a sensação de que está mal preparado, em nível de conhecimentos, para os seus estudos de pós-graduação, e certamente será questionado sobre esse ponto na entrevista pela banca examinadora. Todos os candidatos devem prezar por garantir uma boa nota na prova escrita, pois ela representa diretamente o comprometimento e preparo do aluno para assumir uma vaga no curso pretendido. A banca examinadora terá a tendência de entender por que certos alunos não possuem publicações científicas, participações em congressos, experiência em pesquisa etc., pois todos esses requisitos apresentam um componente de oportunidade. Ou seja, não são todos os alunos que têm a oportunidade de participar de um grupo de pesquisa durante o curso de graduação e assim ter o seu currículo fortalecido com o resultado do que foi realizado. Porém, teoricamente, todos os candidatos têm as mesmas condições para a realização da prova escrita.

Como em todas as provas escritas de concursos públicos, a maior dificuldade na preparação do candidato está comumente relacionada à sua área de formação. Quem escolhe prestar processo seletivo em áreas afins à sua formação da graduação, em geral, não sente grandes dificuldades para assimilar o conteúdo da prova. Porém, candidatos que escolhem fazer uma pós-graduação em uma área que não está relacionada com a sua formação, normalmente têm dificuldade para estudar o conteúdo. Essa dificuldade se multiplica devido ao fato de que conteúdo de uma prova escrita em processos seletivos de pós-graduação é composto por temas avançados da área. O candidato deve levar esse fato em consideração antes de participar de processos seletivos em programas de pós-graduação que não são da sua área de atuação ou de formação.

É comum que os programas de pós-graduação apresentem processos seletivos de ingresso com uma periodicidade semestral

95

ou anual. Dessa forma, *o conhecimento prévio do calendário do processo seletivo e do conteúdo da prova escrita* ajuda consideravelmente na preparação do candidato, pois permite aos alunos disporem de mais tempo para conseguir uma melhor preparação. Esse planejamento e preparação dos candidatos são importantes, já que se deve levar em conta que muitas pessoas que desejam fazer um curso de pós-graduação possuem outras responsabilidades e têm tempo limitado para os estudos. Consequentemente, os candidatos que tomem conhecimento com antecedência do programa da prova escrita terão mais tempo para preparação, e suas chances de sucesso aumentarão consideravelmente.

Não existe um tempo ideal para a preparação de um candidato para uma prova escrita nesse tipo de processo seletivo, já que cada pessoa possui uma velocidade de aprendizado e uma rotina de estudos diferente. Entretanto, é recomendável que os candidatos dediquem, pelo menos, três meses de estudos para que possam obter uma boa preparação. Com esse planejamento, o candidato irá dispor de tempo suficiente para estudar e revisar todo o conteúdo da prova.

Alguns programas de pós-graduação apresentam, além da prova escrita específica do tema do curso, uma prova de língua estrangeira. Nesse caso, o desafio é ainda maior. O aprendizado de uma língua estrangeira, que geralmente será o inglês, necessita de meses de estudo para que o candidato possa ter um nível suficiente para ser aprovado. O período necessário de preparação na língua estrangeira pode ser ainda maior se o candidato não possui nenhum conhecimento prévio da língua estrangeira exigida. E ao se tratar de um curso disputado por pessoas bem qualificadas, o candidato estará possivelmente concorrendo com muitos candidatos com bons níveis na língua estrangeira. A preparação adequada para a prova de idiomas é essencial e pode constituir uma importante barreira a ser enfrentada por alguns candidatos, principalmente naqueles processos seletivos que têm a prova de língua estrangeira com caráter eliminatório.

REALIZANDO A ENTREVISTA

Não basta ser competente, ter disponibilidade e estar interessado no curso de pós-graduação pretendido, o candidato deve estar preparado para demonstrar na entrevista todas essas qualidades. E, além disso, deixar claro que é um dos melhores entre todos os participantes, afinal, os processos seletivos são, na prática, uma competição por vagas onde só os melhores colocados conseguirão ingressar no programa.

O candidato deve, antes de tudo, entender quais requisitos serão avaliados e o que a banca examinadora espera que os candidatos demonstrem durante a entrevista. Esse entendimento facilitará a preparação de suas respostas para que elas sejam claras, objetivas e possam evidenciar adequadamente o seu potencial.

A importância da entrevista em um processo seletivo de ingresso em cursos de pós-graduação está relacionada com o nível de competição do edital. Ou seja, em um processo de ingresso pouco concorrido, não só a entrevista, mas as outras etapas serão mais "suaves", pois o processo seletivo buscará apenas identificar os requisitos mínimos nos candidatos para que eles possam ingressar no curso desejado. Entretanto, no caso de processos seletivos em que é frequente uma alta concorrência de candidatos por um número limitado de vagas, a entrevista pode desempenhar um papel essencial na seleção, que é o de realizar o *desempate entre bons candidatos*. Nesse caso, uma boa preparação para a entrevista torna-se essencial para que o candidato possa ser classificado entre os aprovados no processo seletivo.

A afinidade entre o *perfil do candidato em relação ao tipo de curso* pretendido é um dos primeiros fatores analisados pelas bancas avaliadoras durante a entrevista. Cursos de especialização, em geral, selecionam candidatos com melhor conhecimento na área, então, os conhecimentos técnicos da profissão demonstrados na hora da entrevista podem ser o diferencial da entrevista. Os cursos de MBAs, além de conhecimentos específicos, valorizam, sobretudo, a experiência em cargos de chefia e a rede de relacionamento do candidato. Os cursos de mestrado e doutorado avaliam um conjunto mais complexo de competências, habilidades e disponibilidade. Essas características particulares dos cursos podem direcionar as perguntas na hora da entrevista, por isso, os candidatos devem analisar previamente o seu perfil em relação ao tipo de curso pretendido, *identificar os seus potenciais, assim como os seus pontos fracos*. Esse entendimento ajudará a planejar as respostas para a entrevista e assim fornecer uma boa impressão a banca avaliadora.

Os cursos de mestrado e doutorado apresentam outra característica particular que também deve ser entendida pelos candidatos antes de pleitearem uma vaga e, principalmente, antes de responderem às perguntas na entrevista. O ingresso nesses cursos representa também *um compromisso entre o orientador e o aluno, com responsabilidades para ambas as partes*. Aceitar o aluno para esses cursos significa para o professor o compromisso de terminar uma pesquisa no prazo determinado, ou seja, 24 meses para cursos de mestrado e 48 meses para cursos de doutorado. Isso faz com que os orientadores e os programas de pós-graduação sejam rigorosos nos processos de seleção, no sentido de selecionar apenas os candidatos realmente comprometidos com a realização da pesquisa proposta. É durante a entrevista que a banca avaliadora, ou em alguns casos o próprio orientador, têm a oportunidade de verificar se o candidato é adequado para embarcar no curso, terminá-lo com êxito e, principalmente, não causar prejuízo para o grupo de pesquisa e para o programa de pós-graduação. O atraso na conclusão ou a desistência do curso por parte dos alunos causa perda de pontuação do programa frente aos processos de avaliação da pós-graduação no Brasil.

Dois aspectos importantes também devem ser levados em consideração ao preparar uma entrevista para processos seletivos de ingresso em cursos de pós-graduação. O primeiro é que, durante a entrevista, a banca basicamente procura *comprovar o que o candidato apresentou em sua documentação* e, se necessário, esclarecer possíveis dúvidas de aspectos particulares do perfil do candidato. O segundo aspecto é que a banca avaliadora pode usar a entrevista para *identificar aspectos positivos ou negativos dos candidatos que não foram evidenciados na documentação apresentada*. Por isso, o candidato deve revisar, antes da entrevista, o conjunto de documentos que apresentou e, se necessário, colocar durante a entrevista alguma característica positiva que não tenha sido citada na documentação apresentada. Caso o candidato tenha identificado durante a revisão dos seus documentos alguma característica negativa que possa impactar o resultado da sua entrevista, deve dedicar algum tempo para a preparação desse ponto da entrevista, pois possivelmente a banca também terá identificado. Felizmente, uma autoanálise crítica prévia do seu perfil e da sua documentação permite que o candidato reflita e tenha tempo de preparar uma estratégia para a entrevista. É recomendável que o candidato se antecipe e procure uma estratégia para solucionar a deficiência encontrada. Um bom exemplo é quando o candidato identifica que o seu nível de idioma estrangeiro não é o ideal para a realização do curso pretendido. Nesse caso, o candidato pode apresentar na hora da entrevista a sua estratégia para melhorar esse quesito durante o curso, ou seja, por meio de cursos etc. A falta de tempo para se dedicar ao curso também pode ser um problema identificado na autoanálise do perfil, entretanto o candidato pode apresentar durante a entrevista uma reorganização de sua agenda para que seu curso possa ser realizado adequadamente.

Para que o candidato possa organizar a preparação da sua entrevista, listaremos e comentaremos, a seguir, os principais pontos que podem ser questionados ao candidato durante uma entrevista em processo seletivo de ingresso em cursos de pós-graduação.

Qualificação mínima necessária: Não ter qualificação mínima necessária para ingressar em um programa de pós-graduação é um critério que costuma eliminar muitos candidatos durante os processos seletivos. Em geral, mas não necessariamente, os conhecimentos do candidato estão diretamente relacionados com a sua área de formação. Mas em alguns casos os candidatos podem adquirir esses conhecimentos por meio de outras vias, como em empregos anteriores, estudando sozinho etc. Caso o candidato não tenha formação prévia demonstrada em área relacionada ao curso pretendido, a banca certamente irá inquerir o candidato sobre os seus conhecimentos na área e a sua capacidade de realizar o curso adequadamente. Podemos tomar como exemplo um processo seletivo de ingresso para uma pós-graduação em Direito Internacional. Nesse caso, espera-se que o candidato tenha conhecimentos e formação mínima em Direito para poder ter chance de ser aprovado no processo seletivo. Seria fácil imaginar que um candidato formado em Química não iria se arriscar em participar de uma pós-graduação em Direito, pois competiria com outros candidatos graduados nessa área.

Existem também exemplos menos drásticos, em que o candidato não possui a formação exata pretendida, mas tem uma formação em área correlata. Um bom exemplo seria uma pós-graduação em Marketing, em que candidatos tanto formados em Marketing quando em Administração de Empresas poderiam se inscrever. Ao se deparar com candidatos formados em áreas correlatas, o entrevistador certamente terá curiosidade sobre os conhecimentos deles na área específica do curso. Por isso, os candidatos formados em áreas correlatas devem estar preparados para demonstrar na entrevista que possuem o nível de conhecimento adequado para cursar a pós-graduação pretendida. Lembrando que o nível de conhecimento de um candidato sobre um determinado tema não é uma característica imutável. É possível que candidatos formados em Administração de Empresas e que desejam realizar uma pós-graduação em Marketing se preparem anteriormente ao processo seletivo e adquiram os conhecimentos necessários esperados tanto pela banca avaliadora quanto pelo futuro orientador. Realizar previamente estudos aprofundados sobre o tema de pesquisa proposto no curso ajudará o candidato a discutir tecnicamente com os entrevistadores. Essa dinâmica de troca de informações técnicas sobre o tema durante a entrevista certamente deixará uma boa impressão e demonstrará interesse do candidato. E é preciso lembrar que existem poucos momentos na carreira de um profissional em que falar bem de si mesmo é necessário. As entrevistas de processos seletivos ou de concursos públicos constituem esses momentos.

Conhecimentos de idiomas: Sobretudo em cursos de mestrado e doutorado, a realização da pesquisa é a parte principal do curso. E, nos dias de hoje, a maioria do conhecimento produzido em pesquisas ao redor do mundo é divulgado em inglês, ou em alguns casos específicos, no idioma de interesse do curso. Consequentemente, candidatos que dominem esses idiomas serão mais valiosos para o programa de pós-graduação que os que apresentam níveis mais baixos. É comum que alunos de mestrado e doutorado trabalhem diariamente usando língua estrangeira, seja lendo ou escrevendo textos, e também que necessitem apresentar trabalhos em congressos internacionais. Um candidato que não tenha conhecimentos de idiomas será incapaz de cumprir adequadamente os trabalhos de pesquisa esperados de um bom aluno de pós-graduação.

É pouco recomendável que candidatos que não tenham conhecimento de língua estrangeira tentem ingresso em cursos de mestrado e doutorado sem antes realizar uma preparação mínima nos idiomas requeridos pelo curso. É comum encontrar programas de pós-graduação que exigem mais de um idioma para o ingresso, sendo exigido um idioma estrangeiro para o mestrado e um segundo para o doutorado, tornando o ingresso ainda mais desafiador. Existem também casos em que não é exigido conhecimentos em língua estrangeira, mas, em geral, a língua inglesa tem se tornado cada vez mais importante em cursos de pós-graduação, principalmente em mestrado e doutorado.

Caso o candidato ainda esteja aprendendo o idioma, deve deixar essa informação clara durante a entrevista. Ter conhecimento em línguas estrangeiras é importante, mas *o interesse em aprender* também é muito valorizado nas entrevistas. Quando questionado sobre esse tema durante a entrevista, o candidato deve informar exatamente o seu nível, já que na entrevista será fácil comprovar. Demonstrar disposição para realizar estágios no exterior também será valorizado tanto pelo futuro orientador quanto pela banca avaliadora, já que essas oportunidades são, a cada dia, mais comuns na formação de pós-graduandos e constituem uma excelente oportunidade para a troca e a aquisição de novos conhecimentos.

Conhecimentos complementares: Demonstrar durante a entrevista conhecimentos específicos na área proposta é, certamente, um grande diferencial para o candidato, pois tais conhecimentos podem colocá-lo em evidência para a banca avaliadora. A banca terá a tendência de pontuar melhor os candidatos que demonstrarem maiores possibilidades de realizar o curso pretendido com qualidade e no tempo adequado. Entretanto, não é raro encontrar processos seletivos de ingresso em cursos de pós-graduação em que existem vários candidatos com perfis adequados e, principalmente, com formação exata na área de estudo. Nesse caso, serão os detalhes sobre formação complementar que podem desempatar a classificação. E a entrevista será crucial para que a banca chegue a um veredito justo sobre o diferencial oferecido por cada candidato.

Existe um conjunto de conhecimentos gerais que são desejáveis em qualquer aluno de pós-graduação. Candidatos com bons conhecimentos de estatística, informática, gestão etc. devem explicitar durante a entrevista tais habilidades, pois esses conhecimentos contribuem para aumentar o potencial produtivo do grupo de pesquisa. Durante a entrevista, o candidato deve ter a iniciativa de comentar sobre essas qualidades, mesmo que não seja questionado. Outras habilidades, como a capacidade de resolver pacificamente os conflitos, trabalhar em grupo, treinar pessoas são bastante bem-vindas em um novo membro de um grupo de pesquisa e em um programa de pós-graduação.

É importante ressaltar que habilidades interpessoais no ambiente de trabalho não necessariamente são natas e dependem da personalidade de cada um. Todas essas habilidades aqui descritas podem ser aprendidas e/ou aperfeiçoadas. Ler sobre todas elas é um bom começo para se preparar para a entrevista do processo seletivo. O candidato deve entender que ao ingressar em um curso de mestrado e doutorado, por exemplo, ele estará entrando também para um grupo de pesquisa. E a nenhum orientador interessará permitir o ingresso de alunos sem a capacidade de ser relacionar de maneira saudável com os outros membros do grupo.

Experiência prévia em pesquisa: Não exclusivamente, mas principalmente para os cursos de mestrado e doutorado, em que os alunos irão aprender a produzir conhecimento usando o método científico, o fato de ter tido e poder demonstrar experiência em pesquisa durante a entrevista é um grande diferencial na avaliação do candidato. Como a maioria dos alunos que pretendem ingressar em cursos de pós-graduação nunca tiveram a oportunidade de participar de grupos de pesquisa, caso o candidato tenha participado de alguma pesquisa durante a sua formação na graduação ou até mesmo no mercado de trabalho, isso deve ser informado na entrevista. Alunos que participaram de programas de iniciação científica durante a graduação ou que fizeram o seu TCC uma pesquisa relacionada ao tema, terão maior facilidade de adaptação ao ambiente de estudo nos cursos de pós-graduação, principalmente nos de mestrado e doutorado.

Ao ingressar em um grupo de pesquisa para realizar um curso de pós-graduação, os alunos necessitam de tempo para se adaptarem à rotina da produção de conhecimento. Nem todos se adaptam a esse ambiente, o que pode levar alguns alunos à desistência do curso. Assim, alunos que nunca participaram do ambiente de pesquisa possuem maior risco de não concluírem com êxito o curso proposto, além de precisarem de um tempo maior de adaptação à nova rotina de trabalho. Demonstrar durante a entrevista participação prévia na realização de pesquisa, participação em publicações, em eventos científicos etc. posiciona o candidato entre os preferidos para ingresso.

Caso o candidato esteja interessado em ingressar em cursos de mestrado e doutorado e nunca tenha participado de grupos de pesquisa, não deve desanimar. Demonstrar motivação durante a entrevista pode compensar a inexperiência, pois a banca é ciente de que apenas poucos candidatos tiveram a oportunidade de participar previamente de projetos de pesquisa. Porém, para que o candidato possa desenvolver bem a sua entrevista, é importante que conheça a rotina de trabalho dos alunos do curso pretendido, ou seja, saber as tarefas corriqueiras, como os trabalhos se desenvolvem, quais as exigências do programa de pós-graduação etc. Essas informações podem ser obtidas no website do programa de pós-graduação ou com professores e alunos participantes dos cursos.

Disponibilidade de tempo: Ter em seu currículo um curso de pós-graduação é desejo de muitas pessoas. Entretanto, muitas vezes esse desejo não vem acompanhado de condições pessoais para a sua realização. Muitos candidatos participam de outras atividades e alguns até já trabalham no momento em que pretendem participar do processo seletivo de ingresso. Mesmo que a motivação do candidato seja aparente durante a entrevista, a falta de disponibilidade de tempo também será evidente durante a conversa com a banca avaliadora.

O candidato deve se preparar para perguntas relacionadas à sua disponibilidade para realizar a pesquisa proposta dentro do prazo definido pelo programa. Geralmente, nenhum programa de pós-graduação ou orientador aceitará um candidato que não tenha tempo para realizar adequadamente o trabalho previsto, sobretudo quando existem outros candidatos igualmente capacitados disputando a vaga de ingresso. É importante verificar no currículo que foi apresentado para o processo seletivo se todas as atividades realizadas pelo candidato estão corretamente descritas, ou seja, todas aquelas que irão competir pelo tempo disponível do candidato. Surpresas na hora da entrevista devido à descoberta pela banca de atividades não descritas no currículo do candidato podem ser bastante negativas.

No caso de o candidato estar trabalhando em tempo integral e ter a intenção de realizar a pós-graduação concomitantemente com o trabalho, esse fato pode ser considerado um impedimento pela banca avaliadora, sobretudo se a pós-graduação pretendida é um curso de mestrado ou doutorado. Nesses cursos, o empenho intelectual necessário para avançar na produção de conhecimento é bastante grande. A leitura de artigos, teses etc. consome bastante tempo dos alunos. E se o curso pretendido for em áreas de ciências experimentais, em que o trabalho prático é necessário, o aluno que não puder estar com frequência no laboratório terá o seu trabalho experimental praticamente inviabilizado devido à sua falta de tempo. Por isso, alunos que já trabalham durante o processo seletivo de ingresso devem se planejar para fazer a sua pós-graduação adequadamente, ou seja, devem separar o tempo necessário na sua agenda para a dedicação ao curso. E essa informação deve ressaltada pelo candidato durante a entrevista.

RECOMENDAÇÕES ADICIONAIS

Caso o candidato tenha disponibilidade, é sempre recomendável *visitar a instituição* em que pensa cursar a pós-graduação, principalmente aqueles candidatos que não a tenham conhecido anteriormente. Comparar a IES pelos websites ou por vídeos na internet pode trazer surpresas desagradáveis para os futuros ingressantes. E no caso dos cursos de pós-graduação, as instalações e a estrutura do grupo de pesquisa acolhedor são cruciais para o bom desenvolvimento do trabalho proposto. Isso significa que mesmo que a instituição seja reconhecida por oferecer bons cursos de graduação ou até de pós-graduação, a estrutura individual do grupo de pesquisa no qual o candidato pretende realizar a sua pesquisa pode não ser a ideal. Caso a pós-graduação pretendida seja uma especialização que não disponha de aulas práticas nem trabalho de pesquisa, a qualidade dos professores e o programa do curso serão o fator determinante. Mas caso o seu curso de pós-graduação dependa da realização adequada da pesquisa proposta, como é o caso dos cursos de mestrado e doutorado, então é recomendável a visita às instalações do grupo de pesquisa que irá acolher o candidato e a averiguação sobre a disponibilidade dos equipamentos e metodologias necessárias. Se o candidato está avaliando realizar processo seletivo de ingresso em várias instituições, é recomendável visitar todas elas, pois assim terá mais informações para tomar uma decisão sobre em qual IES realizar o seu curso de pós-graduação.

Caso o seu curso de pós-graduação desejado seja mestrado ou doutorado, é muito interessante conhecer previamente e *conversar pessoalmente com o seu futuro orientador*. Como já mencionamos antes, essa simples visita pode fazer muita diferença tanto na decisão sobre que tipo pós-graduação realizar quanto na decisão do orientador em aceitar o candidato para fazer parte do grupo seu grupo de pesquisa. É preciso ter em mente que os orientadores são, em geral, pessoas muito ocupadas e que, além das atividades de orientação, possuem muitas outras, tais como as aulas em cursos de graduação e pós-graduação, atividades administrativas etc. Por isso, possivelmente eles não dispõem de muito tempo para receber alunos e conversar sobre o projeto etc. Entretanto, todo orientador deseja conhecer e conversar com seus futuros alunos antes de aceitá-los como orientandos no processo seletivo, valendo muito a pena insistir nessa conversa.

As dicas para esse primeiro encontro com o orientador são parecidas com as de qualquer entrevista de trabalho, desde os cuidados para não chegar a atrasado, passando por cuidar da sua imagem e por focar a conversa somente no curso de pós-graduação pretendido. Entretanto, o destaque principal para essa conversa, que é bastante recomendável para alunos que irão participar de processos seletivos concorridos, é o de tentar *convencer o seu futuro orientador a atuar como um tutor no processo de seleção*. Isso significa que o futuro orientador pode te ajudar no preparo dos documentos para o processo seletivo, auxiliando principalmente na escrita do projeto de pesquisa ou na revisão. Essa atitude pode fazer a diferença na qualidade da documentação apresentada, pois, certamente, uma correção criteriosa do futuro orientador irá sanar as possíveis fraquezas do conjunto de documentos.

Demonstre intenção de conseguir uma bolsa de estudos, pois a dedicação necessária para um curso de pós-graduação não é apenas uma questão de interesse nos estudos, mas também uma questão de possibilidade pessoal e financeira de abandonar outras atividades para poder se dedicar ao curso. Outro aspecto importante da obtenção da bolsa é o compromisso que ela traz para a realização do trabalho proposto no curso de pós-graduação. Ao conseguir uma bolsa, tanto o aluno quanto o orientador se comprometem a realizar a pesquisa proposta no prazo da bolsa. Demonstrar interesse em conseguir uma bolsa também revela compromisso com o curso pretendido. Apesar dos valores dessas bolsas não serem muito altos quando comparados aos salários que seriam pagos em muitas profissões, elas permitem que os alunos tenham um suporte financeiro para poderem se dedicar integralmente ao curso de pós-graduação. Ou seja, ter uma bolsa de estudos para realizar uma pós-graduação, na prática, significa que o aluno irá dedicar todo o seu tempo para o curso.

Alguns programas de pós-graduação fornecem bolsas de pós-graduação para os alunos mais bem colocados nos processos seletivos. Proporcionando, dessa forma, que os alunos possam realizar os seus cursos com mais qualidade devido à maior disponibilidade de tempo. Apesar de não ser fácil conseguir uma bolsa, pois devemos ter em mente que muitos alunos possuem esse desejo, a estratégia de demonstrar interesse é bastante reco-mendada. Orientadores preferem, em geral, alunos bolsistas aos não bolsistas. E o motivo é bastante fácil de entender, pois alunos bolsistas serão os que estarão disponíveis exclusivamente para realizar o curso proposto. Em alguns casos, que infelizmente não são raros, os alunos só conseguem cursar uma pós-graduação se obtiverem uma bolsa de estudos. Isso ocorre devido à limitação financeira enfrentada por muitas famílias no Brasil. Todos esses pontos devem ser expostos para os futuros orientadores, pois, às vezes, eles possuem bolsas de estudo disponíveis em seus projetos de pesquisa e estão à procura de alunos para que possam atribuir essas bolsas. Nesse sentido, deixar claro sua intenção de obter uma bolsa de estudo nas conversas iniciais com o futuro orienta-dor pode ajudar o candidato a conseguir o auxílio e assim poder cursar a sua pós-graduação com mais tranquilidade.

PÓS-GRADUAÇÃO NO EXTERIOR

É melhor fazer pós-graduação no Brasil ou no exterior?

Do ponto de vista da qualidade, o Brasil possui programas de pós-graduação de excelência em muitas áreas. O candidato deve procurar informação sobre a área específica desejada. Do ponto de vista da experiência e da troca de conhecimentos, sem dúvida, uma pós-graduação no exterior fará muita diferença na carreira do candidato.

ESTUDAR NO EXTERIOR

Se cursar uma pós-graduação no Brasil é uma experiência extraordinária, morar em outro país para realizar um curso de pós-graduação pode ser uma experiência única na vida de um estudante. Por esse motivo, é normal que muitos alunos estejam dispostos a realizar uma pós-graduação no exterior caso tenham a oportunidade.

O desejo de estudar no exterior pode ser inspirado na suposição, nem sempre verdadeira, de que as instituições no exterior apresentam melhor infraestrutura, melhores professores etc. Tudo isso, aliado ao fato de morar fora do Brasil e aprender um novo idioma, fascina muitos alunos interessados em continuar os seus estudos em cursos de pós-graduação. Entretanto, realizar um curso de pós-graduação no exterior traz consigo algumas particularidades que devem ser de conhecimento dos possíveis candidatos antes de tentarem o ingresso.

Hoje em dia, devido ao fácil acesso à informação e ao aparecimento de muitos programas de internacionalização nas universidades, cursar uma pós-graduação no exterior já não é uma missão quase impossível, como era em outras décadas. Caso o candidato deseje ter esse tipo de experiência, vale a pena investir em uma boa preparação. Nas seções a seguir iremos discutir um pouco sobre os principais aspectos que o candidato deve levar em conta antes de tentar o ingresso em instituições no exterior, para que ele possa usar esse conhecimento para construir uma preparação sólida e, sobretudo, um bom planejamento para que o seu sonho seja realizado.

O MOMENTO CORRETO

Planejar bem a carreira profissional é o começo de uma caminhada de sucesso. O estudante deve saber que existem diversos momentos em que ele pode cursar uma pós-graduação no exterior. Além da escolha do curso em si, o momento de realizá-lo também é importante, já que as etapas de escolha do curso e da instituição, o processo de ingresso e o planejamento de viagem para a realização do curso no exterior levam bastante tempo. Em geral, a preparação para esse tipo de curso leva mais tempo do que se o mesmo curso fosse realizado no Brasil.

O tipo de curso de pós-graduação escolhido para ser realizado no exterior pode ser influenciado pela época de sua realização. Após concluir o curso de graduação no Brasil, o aluno pode desejar fazer uma especialização ou optar por cursos de mestrado, pois os requisitos no Brasil para fazer ambos os cursos é ter uma graduação concluída. Apenas o curso de doutorado realizado no Brasil, salvo algumas exceções, exige o título de mestrado. Entretanto, a obrigatoriedade de haver terminado o mestrado para ingressar no doutorado é um requisito brasileiro. Nem sempre o país onde o estudante deseja realizar o seu curso de pós-graduação tem o sistema de ensino similar ao do Brasil. Existem países que aceitam o ingresso no doutorado imediatamente após a graduação. Esse fato permite que o estudante que pretende fazer um curso de doutorado no exterior possa realizá-lo antes do período em que normalmente realizaria o mesmo curso no Brasil, já que não precisaria realizar um mestrado prévio.

Caso o aluno pretenda realizar um curso de pós-graduação imediatamente após terminar a graduação no Brasil, a preparação para o ingresso em curso no exterior deve começar com antecedência suficiente para que possa começar o novo curso depois da formatura. Para isso, é importante saber que existem diversos momentos na carreira em que surgirão oportunidades para ingressar em curso de pós-graduação no exterior. Alunos com perfil acadêmico, por exemplo, provavelmente cursarão mestrado e doutorado durante a sua formação. Para esses candidatos, existem duas possibilidades de realizar uma pós-graduação no exterior, uma para cursar o mestrado logo após a graduação e outra para cursar o doutorado após concluir o mestrado. Já os alunos que desejam realizar uma especialização ou um MBA podem realizar antes de entrar no mercado de trabalho ou depois de alguns anos de experiência laboral.

Definir o momento exato da carreira para ingressar em um curso de pós-graduação no exterior é uma ótima estratégia, pois além de facilitar os trâmites necessários, que não são poucos, o aluno terá mais tempo para realizar toda a burocracia necessária para o ingresso em uma instituição estrangeira. Além disso, pode aumentar as chances de conseguir realizar o curso, pois com planejamento o aluno poderá contatar mais de uma instituição e/ou grupos de pesquisa no exterior.

Para quem deseja estudar no exterior, existe uma longa lista de trâmites burocráticos, específicos para cada tipo de curso e país. Os documentos estudantis, como histórico escolar e diplomas, não são válidos no exterior, sendo necessário um trâmite de convalidação (reconhecimento) na embaixada do país de destino para que o país de destino reconheça os títulos brasileiros. Some-se a isso os trâmites de retirada de passaporte e visto, que, dependendo do país de destino, pode levar mais de seis meses. A etapa de escolha da instituição e do curso e obtenção de determinados requisitos específicos da instituição de ensino no exterior também levam algum tempo. É muito difícil que uma pessoa consiga organizar a realização de um curso no exterior com menos de seis meses de preparação. Não é raro que todos esses trâmites durem cerca de um ano.

Para os alunos que decidem seguir a carreira acadêmica, existe outra etapa que permite realizar sua pesquisa no exterior. Não seria propriamente um curso de pós-graduação, mas um estágio equivalente em termos de experiência e aprendizado, que é o chamado estágio pós-doutoral ou pós-doutorado. É importante alertar aos alunos que, atualmente, é mais fácil conseguir uma oportunidade de estudos no exterior quando o nível educacional alcançado pelo candidato for maior. Ou seja, existem mais oportunidades de estágios pós-doutoral no exterior que oportunidades para cursar o doutorado. Da mesma maneira, existem mais oportunidades para estudos de doutorado no exterior do que para mestrado. Um dos motivos é a grande demanda e concorrência por cursos de nível inicial, por exemplo, existem mais pessoas interessadas em realizar cursos de mestrado e especialização do que pessoas interessadas em cursar um doutorado, e mais pessoas interessadas em realizar um doutorado do que um estágio pós-doutoral.

Outro fator que influencia nas oportunidades no exterior e que deve ser entendida pelo candidato é a diferença estrutural no ensino de pós-graduação entre países. Os sistemas educacionais dos países mais procurados por brasileiros, como é o caso dos Estados Unidos e de países europeus, são um pouco diferentes do nosso. O curso de mestrado, tal como conhecemos no Brasil, não é comum nesses países. Nos Estados Unidos e nos países europeus, os alunos podem cursar o doutorado imediatamente após o curso de graduação. Enquanto no Brasil o mestrado é um curso com foco em pesquisa, com duração de dois anos e obrigatório para cursar o doutorado, nesses outros países, ele pode aparecer em diferentes configurações, como o último ano da graduação ou o primeiro ano do doutorado. Os alunos que não conhecem essa particularidade e desejarem cursos de mestrado nas mesmas configurações do Brasil podem ter dificuldades tanto para conseguir achar o curso ideal no exterior quanto para convalidar (reconhecer) o curso de mestrado feito no exterior no Brasil. Esse é um ponto de fundamental entendimento para os candidatos a uma pós-graduação no exterior, pois com essa informação eles podem planejar realizar um doutorado logo após a conclusão do curso de graduação no Brasil.

Outro importante aspecto a ser compreendido pelos candidatos é que os cursos de pós-graduação no exterior são tão exigentes quanto os cursos realizados no Brasil. Mas com a dificuldade extra de o aluno ter que morar em um país desconhecido e precisar lidar com um sistema educacional diferente, em que todo o conteúdo é ensinado em outro idioma. Isso significa que quanto mais preparado estiver o aluno, menos dificuldade ele terá de cursar a sua pós-graduação, sobretudo se estiver preparado no idioma do país de destino. Embora muitos cursos no exterior, independentemente do país, já sejam ministrados em língua inglesa, conhecer a língua do país de destino será muito útil para facilitar a comunicação com os companheiros de curso, com membros do grupo de pesquisa, com professores e possível orientador. A preparação correta no idioma do país de destino também deve ser um ponto a ser levado em consideração para decidir o momento ideal para realizar o curso de pós-graduação no exterior.

Apesar de que muitos alunos podem estar bem preparados para realizar um curso no exterior com qualquer nível de formação, geralmente são os alunos com maiores títulos que se adaptam melhor aos estudos fora do país. Ou seja, os alunos de mestrado e especialização sentem, em geral, mais dificuldade de adaptação do que alunos das etapas de doutorado e de pós-doutorado. A questão da maturidade pessoal e profissional ajuda na adaptação, pois alunos ou profissionais mais experientes têm a tendência de manter mais o foco no trabalho que os menos experientes. Então, caso o candidato não tenha sucesso em conseguir realizar a sua especialização ou mestrado no exterior, não deve desanimar, pois novas oportunidades virão para cursar doutorado, pós-doutorado, MBA etc., que além de serem etapas com maiores oportunidades, a chances de melhor adaptação serão, teoricamente, maiores.

TIPOS DE CURSO

A decisão sobre que tipo de curso no exterior o aluno deve realizar segue a mesma linha de raciocínio da decisão sobre que tipo de curso realizar no Brasil relatada anteriormente neste livro. Deve estar de acordo com o perfil e com as ambições profissionais de cada um. Entretanto, existe a particularidade de não esquecer de verificar a estrutura do sistema educacional do país de destino para não ter surpresas. Um exemplo emblemático é o caso do mestrado, que, como já explicado anteriormente, pode ter diferentes funções no sistema educacional do país escolhido e pode ser diferente daquela encontrada nos programas de pós-graduação no Brasil. Então, o primeiro passo a ser seguido pelo aluno deve ser verificar se o curso encontrado no exterior equivale ao curso que ele faria no Brasil. E depois, mas não menos importante, pesquisar se o curso a ser cursado no exterior pode ser convalidado no Brasil após o retorno do aluno. Não é raro ver alunos com problemas de convalidação no Brasil de estudos feitos no exterior, e os motivos vão desde a não existência do curso nas IES brasileiras até problemas com cursos similares aos brasileiros, mas que apresentam conteúdo e/ou carga horária diferente. Esse é um detalhe que pode trazer bastante dor de cabeça para os desavisados e que merece uma pesquisa cuidadosa para não ter surpresas.

A decisão sobre o tipo de curso a ser realizado no exterior, além das preferências profissionais de cada um, pode estar ligada também à disponibilidade de tempo para estar fora do Brasil. Um dos cursos mais procurados no exterior é o de doutorado, mas o aluno que optar por essa modalidade deve entender que a maioria desses cursos tem duração de quatro anos. Dessa forma, a escolha do tipo de curso é, nesse caso, influenciada também pela disponibilidade do aluno de estar fora do Brasil. Tratando especificamente dos cursos de doutorado, felizmente existe uma modalidade bem mais curta e mais fácil de ser conseguida pelo aluno, que é o chamado "doutorado-sanduíche" no exterior. Nessa modalidade, o aluno se matricula no Brasil em um curso de doutorado e, durante a pesquisa, viaja para realizar um ano do curso em uma universidade no exterior. Esse tipo de curso traz diversas facilidades, desde a necessidade de um tempo mais curto no exterior até a relativa maior oferta, quando comparado com as possibilidades da realização de um doutorado pleno no exterior. Nesse tipo de curso, como o aluno já se encontra engajado em um grupo de pesquisa no Brasil, o aceite da universidade estrangeira é mais fácil, pois, geralmente, o contato é feito pelo orientador do aluno. A burocracia também é reduzida, pois como o título de doutorado continua sendo da universidade brasileira, não são necessárias convalidações, e os tramites de viagem são restritos a retirada de passaporte e visto. Ou seja, o aluno não precisa estar matriculado na universidade estrangeira, que é um trâmite que demanda muita burocracia, como a tradução juramentada de documentos brasileiros e a convalidação oficial na embaixada estrangeira.

Um aluno que participa de programas de doutorado-sanduíche também economiza os trâmites de convalidação de seu título estrangeiro no Brasil, pois o seu título será brasileiro. A convalidação de títulos estrangeiros no Brasil deve ser realizada por aqueles que realizam estudos plenos no exterior e pretendem usar o seu título no Brasil. Entretanto, uma das principais vantagens que os alunos devem ter em mente na hora de pensar em realizar um doutorado-sanduíche no exterior é a relativa facilidade de conseguir uma bolsa de estudos. Existem muitos editais no Brasil que financiam integralmente esse tipo de curso no exterior. Um aluno que se planeja adequadamente para participar desse tipo de programa tem muitas chances de conseguir. Mesmo sendo um curso de apenas de um ano, esse tipo de formação pode causar um impacto positivo na carreira similar à realização de um curso de doutorado pleno no exterior.

ESCOLHA DO PAÍS

Essa é, talvez, a parte mais prazerosa dos preparativos para realizar uma pós-graduação no exterior. Cogitar a possibilidade de estudar nas melhores instituições do mundo é uma etapa muito motivante para quem quer aperfeiçoar os seus conhecimentos em uma determinada área. Mas essa etapa também pode ser bastante frustrante se o aluno não conhecer como funciona a dinâmica internacional de intercâmbio de alunos entre as instituições de ensino. Essa dinâmica depende muito do tipo de curso de pós-graduação.

PÓS-GRADUAÇÃO NO EXTERIOR

Para cursos de especialização e MBAs, é comum que universidades renomadas no exterior recebam muitos alunos estrangeiros. Nesse caso, os alunos devem ficar atentos ao processo seletivo de ingresso para não perderem a vaga. Para cursos que necessitam de orientadores de pesquisa, como é o caso do doutorado principalmente – já que o mestrado no exterior pode não o mesmo formato do Brasil –, existe uma dificuldade extra, que é a disponibilidade do orientador para aceitar novos orientandos estrangeiros. A disponibilidade dos orientadores, em geral, diminui à medida que aumenta o prestígio internacional da instituição ou do grupo de pesquisa ao qual eles pertencem. Alunos com intenção de realizar doutorado no exterior, seja ele pleno ou em forma de estágio-sanduíche, devem ter esse fator em mente na hora de escolher a instituição e, consequentemente, o país de destino.

Muitos alunos ao redor do mundo desejam realizar um curso de pós-graduação em grandes instituições e ser orientados pelos melhores pesquisadores do mundo em determinada área. Isso faz com que determinados pesquisadores recebam diariamente uma grande quantidade de mensagens de alunos procurando uma oportunidade. Ao começar a busca por um orientador no exterior, o aluno provavelmente não vai receber respostas de alguns de seus e-mails. Isso ocorre não necessariamente devido ao desinteresse do pesquisador estrangeiro em orientar o aluno, mas principalmente porque a sua caixa de entrada estará cheia de outros e-mails enviados com o mesmo propósito por outros alunos. Uma boa dica para alunos interessados em contatar pesquisadores importantes no exterior é não escrever diretamente para eles, e sim solicitar ajuda de algum professor brasileiro – pode ser o seu atual ou antigo orientador – para que escreva para o professor no exterior dando recomendações do aluno e informando sobre a disponibilidade de realização de estudos no exterior. Desse modo, as chances de a candidatura ser considerada aumentarão consideravelmente.

Existem muitas estratégias para encontrar a instituição ideal no exterior. Alguns alunos decidem primeiro o tipo de curso em

117

uma determinada área específico e, então, buscam na internet alguma instituição no exterior que ofereça esse curso. Esse tipo de busca é muito comum, mas pode tomar muito tempo e colocar muitas possibilidades para o aluno, tornando a escolha demorada e difícil. Isso acontece porque nos resultados da busca o aluno encontrará instituições localizadas em diversos países, e a escolha acaba influenciada por outros motivos que não a qualidade do curso oferecido, mas por fatores como o custo de vida do país, a distância, o idioma, o tipo de sistema de ensino etc. Para evitar esse tipo de dificuldade, é recomendável que o aluno escolha primeiro o tipo de curso a ser realizado no exterior, por exemplo um curso de MBA ou um doutorado. Em seguida, é conveniente escolher um país ou uma região e buscar o curso escolhido naquela região. Essa pesquisa é mais eficaz, pois, ao escolher o país ou a região, o aluno já considera previamente características como idioma, custos, distância, preferência pessoal etc. Imaginemos que um aluno decide cursar um doutorado no exterior e não define o país ou a região. Ele pode encontrar o curso em quase todos os países do mundo e vai acabar decidindo o local pelas características como idioma, custo de vida etc., e não devido à qualidade do curso em si. Mas se, ao contrário, o aluno decide realizar um doutorado e já escolhe o país, por exemplo, a França, ele limitará a sua busca às universidades francesas. Além de ganhar tempo na busca, pois existe um número menor de universidades para verificar e professores para contatar, o aluno focará a sua busca em escolher os melhores cursos entre aquelas universidades selecionadas. Esse tipo de estratégia também ajuda na preparação pessoal, pois assim o aluno já saberá previamente que língua estrangeira deverá aprender durante sua preparação para a realização do curso no exterior.

A realização de uma pós-graduação no exterior não se limita apenas ao aprendizado de novos conhecimentos em uma nova instituição. O contato com uma nova cultura e o aprendizado de uma nova língua e novos hábitos é muito enriquecedor em nível pessoal. Os candidatos devem ter em mente que a escolha do país é tão importante quanto a escolha do curso a ser feito. A sugestão é que o aluno escolha um país onde ele imagina que se sentiria bem e onde suas expectativas e seus desejos pessoais possam ser atingidos, assim como suas ambições acadêmicas. Ao estar em um país que agrade ao aluno, o processo de aprendizado e o dia a dia na instituição serão mais leves e certamente a experiência será melhor do que estar em uma instituição renomada em um lugar que não o agrada. O aluno deve levar em consideração esse aspecto na hora de escolher o país de estudo.

Uma dica preciosa para quem está procurando um lugar para estudar no exterior é que instituições menores e menos concorridas podem dar ao aluno a mesma formação e experiência que instituições renomadas. Nesses lugares, o aluno, comumente, tem maior atenção por parte dos professores e, se a instituição for localizada em uma cidade menor, longe dos grandes centros, os custos de manutenção serão menores.

PREPARAÇÃO PESSOAL

Um dos principais choques de realidade para quem quer cursar uma pós-graduação no exterior e que pode ser bastante frustrante é a falta de preparação pessoal para esse tipo de curso. Se a realização de um curso de pós-graduação no Brasil exige preparação pessoal, os cursos no exterior necessitam ainda mais. É comum encontrar muitos alunos com a intenção de estudar no exterior, mas, entre eles, certamente poucos estão realmente preparados para tal desafio.

A preparação mínima para cursar uma pós-graduação no exterior é o domínio do idioma em que o curso será oferecido, que nem sempre é o mesmo idioma do país estrangeiro. Para facilitar o ingresso de alunos de outros países, algumas universidades no exterior preparam os cursos na língua inglesa. Então, mesmo que a universidade seja localizada na França ou na Itália, o curso ministrado pode ser em inglês. Ter nenhum ou pouco conhecimento do idioma em que o curso será oferecido irá, certamente, inviabilizar o aprendizado. Por isso, é bastante recomendado que os alunos que desejam estudar no exterior façam essa escolha com tempo suficiente para que possam aprender o idioma em que o curso será ministrado.

Para quem ainda não decidiu em que país realizará o seu curso no exterior, o aprendizado da língua inglesa é uma boa opção de preparação prévia. Mesmo que não seja o idioma do curso, servirá para que o aluno se comunique com muitas pessoas durante a sua estadia no exterior, já que essa língua é a mais usada para que pessoas de países diferentes se comuniquem. Caso o curso seja oferecido na língua do país estrangeiro e essa seja diferente do inglês, o aluno terá um pouco mais de tarefas na preparação, pois provavelmente terá que aprender o idioma do país e também o inglês.

A preparação em nível familiar é também muito importante para quem deseja realizar estudos no exterior. Alunos casados, cujo cônjuge trabalha no Brasil e não pode acompanhar na viagem, assim como a presença de filhos e/ou outros dependentes podem inviabilizar uma estadia no exterior por um longo período. Caso o aluno se depare com algum tipo de impedimento relacionado à sua situação familiar, deve moldar o curso que deseja de acordo com as suas possibilidades. Um exemplo seria um aluno impossibilitado de levar sua família durante um curso de doutorado pleno de 4 anos no exterior optar por ingressar em um doutorado no Brasil e cursar apenas um ano de doutorado-sanduíche fora do país. Dessa forma, terá a oportunidade de cursar estudos de pós-graduação no exterior sem ficar muito tempo longe dos seus familiares. Outra opção, que é bastante utilizada em cursos de especialização, é a de cursos EaD ou até mesmo cursos semipresenciais.

O último ponto sobre preparação pessoal a ser comentado nesta seção não exige estudos e está relacionado à capacidade de adaptação e tolerância ao diferente. Ao estudar e morar no exterior, o aluno irá se deparar com uma cultura diferente, que a depender do país de destino, pode surpreender mesmos os alunos mais motivados. Essa experiência de viver imerso em uma nova cultura, na maioria das vezes, é positiva. Ao retornar do exterior após finalizar um curso de pós-graduação, o aluno irá certamente concordar que grande parte da sua formação foi enriquecida pela experiência de ter vivido em outro país. Ao decidir estudar e morar no exterior, o aluno será posto em contato com novos conhecimentos, mas também novas regras, novos valores e novas perspectivas. O choque cultural será menor entre países ocidentais, mas pode, ainda assim, causar muitas surpresas aos alunos. É certo que pessoas mais tolerantes terão mais facilidade de adaptação, enquanto pessoais menos tolerantes podem sentir um pouco mais o peso das mudanças. Mas em todos os casos, é recomendável que ao escolher o país de destino, o aluno também tente conhecer previamente a sua cultura, seus valores, suas regras etc. E principalmente que leve em consideração os aspectos culturais do país de destino na hora de escolher a instituição para realizar o curso.

BOLSA DE ESTUDO NO EXTERIOR

Os custos financeiros de cursar uma pós-graduação no exterior é um dos principais motivos de preocupação para os sonhadores com uma pós-graduação em uma instituição estrangeira. Mas a boa notícia é que com um pouco de planejamento, essa dificuldade pode ser superada. Esses custos, em geral, dependem do custo de vida do país de destino e do prestígio e tipo de instituição. Podemos dividir os custos de realizar uma pós-graduação no exterior em dois tipos: o primeiro relacionado à viagem e à estadia no país estrangeiro e o segundo relacionado às taxas escolares cobradas pelas instituições no exterior. Isso significa que se o aluno escolher um curso de longa duração, como o doutorado, em um país relativamente caro e em uma instituição conceituada e privada, os custos serão relativamente altos. Também temos que levar em consideração nessa discussão a possiblidade financeira do aluno, já que o conceito de caro e barato depende da situação financeira de cada um. Dessa forma, se a situação financeira do aluno permite arcar com um curso de longa duração no exterior, então essa seção pode não ser tão interessante. Entretanto, se o aluno não pode arcar com as despesas de um curso desse tipo, deve ficar atento às próximas informações, pois elas podem ser úteis para viabilizar a realização de uma pós-graduação no exterior.

A primeira informação a ser entendida pelo aluno é que o intercâmbio de alunos estrangeiros para cursar pós-graduações em grandes instituições no exterior é bastante comum e desejável. Normalmente, todas as grandes universidades do exterior promovem esse tipo de ação. Assim, após escolher o país e a instituição de destino, o aluno deve buscar no website da universidade o link do escritório internacional da instituição. Lá se concentram todas as informações que o aluno precisa saber a respeito as formas de ingresso, taxas escolares, acomodações etc. No site também poderão ser encontradas informações preciosas a respeito de oportunidades de bolsas de estudos para estrangeiros.

Obter uma bolsa de estudos é a maneira mais eficaz dos alunos terem acesso a um curso de pós-graduação no exterior. Elas, geralmente, cobrem as taxas escolares e, dependendo da bolsa, cobrem as despesas com viagem e seguro de saúde e fornecem um valor mensal para que o aluno possa se manter enquanto realiza o curso. O aluno interessado em cursar uma pós-graduação no exterior deve, desde cedo, conhecer os tipos de bolsa de estudos disponíveis e saber como se candidatar para consegui-las. Esse conhecimento aumentará exponencialmente as suas chances de conseguir realizar o curso.

Muitos alunos perdem a oportunidade de cursar uma pósgraduação no exterior por não terem conhecimento que tais bolsas existem e por desconhecer os procedimentos corretos para se candidatarem. Nesse sentido, é essencial que o aluno saiba que além das bolsas fornecidas pelas próprias instituições no exterior, existe um outro tipo de bolsa, aquelas fornecidas pelas chamadas "agências de fomento". As agências de fomento são instituições públicas ou privadas que financiam bolsas de estudos por meio do lançamento de editais regulares. Existem tanto agências de fomento brasileiras, que oferecem bolsas para brasileiros estudarem no exterior, quanto agências estrangeiras, que oferecem bolsas para que qualquer estudante possa estudar no respectivo país de destino. Ou seja, é fundamental que o aluno conheça, além das bolsas disponíveis na própria universidade de destino, as bolsas disponíveis nas agências de fomento. Se um aluno deseja estudar na Universidade de Lisboa, em Portugal, por exemplo, ele deve realizar uma consulta no escritório internacional da Universidade de Lisboa sobre a disponibilidade de bolsas para estrangeiros. Mas, ao mesmo tempo, o aluno deve estar atento aos editais de bolsas de estudos das agências brasileiras que financiam estudos no exterior e também das agências de financiamento portuguesas que financiam bolsas de estudo para estrangeiros irem estudar em Portugal. Conhecendo e, sobretudo, se candidatando adequadamente em todas essas modalidades, o aluno aumentará as suas chances de conseguir uma bolsa para realizar o seu curso.

Após escolher o país e a instituição de destino, cabe ao aluno realizar uma busca minuciosa para encontrar as principais possibilidades de bolsa e preparar com cuidado a sua candidatura. Essa tarefa não é tão simples, pois existem muitas agências de fomento, tanto nacionais como internacionais, e cada uma com seu regulamento, exigências e tipos específicos de bolsas de estudo.

Encontrado a agência de fomento ideal, a segunda etapa será a preparação de sua candidatura. A preparação dos documentos, a apresentação no prazo correto, o processo de julgamento e a divulgação dos resultados costuma durar, no mínimo, seis meses. Por esse motivo, o planejamento prévio é essencial para que se possa providenciar toda a documentação necessária. As principais agências públicas brasileiras que financiam esse tipo de bolsa são o Conselho Nacional de Desenvolvimento Científico e Tecnológico (CNPq) e a Coordenação de Aperfeiçoamento de Pessoal de Nível Superior (Capes), além das agências estaduais de fomento à pesquisa. Entretanto, as agências brasileiras não podem ser a única fonte de financiamento a ser buscada pelo aluno. Dependendo do país de destino, existem oportunidades de bolsas de estudo para estrangeiros em agências federais, estatais, privadas, bolsas das próprias universidades, e ainda vale a pena olhar o site das embaixadas para ver se existe alguma oportunidade de bolsa. Seguindo esse roteiro, o aluno vai poder realizar candidaturas em diversas agências de fomento, aumentando assim suas possibilidades de conseguir uma bolsa. Não é raro que alunos que conseguem uma bolsa no exterior tenham uma longa lista de candidaturas denegadas. Por isso, o aluno não deve desanimar se receber uma resposta negativa em alguma candidatura.

Por último, ao pleitear uma bolsa de estudos no exterior é importante saber que esse é um processo bastante competitivo e que as agências de fomento escolherão os candidatos de acordo com o seu currículo. Dessa forma, para que o candidato possa construir uma proposta competitiva e conseguir uma bolsa de pós-graduação no exterior, ele deve se preparar previamente no sentido de investir em sua formação.

EaD NO EXTERIOR

Para os alunos que conseguem se adaptar a aulas a distância, uma pós-graduação EaD ou até mesmo semipresencial pode ser uma boa opção. Nessa modalidade, os cuidados com a escolha do tipo de curso, de instituição e sobre a convalidação de diplomas são os mesmos que os dos cursos presenciais no exterior. A vantagem principal é a possibilidade de ter contato com professores estrangeiros dentro de casa, além da redução importante de custos de moradia no exterior, já que o aluno não precisa morar no país estrangeiro. Entretanto, o aluno precisa saber que ao não morar no país de destino perderá toda a experiência da convivência com os demais alunos e professores, além do contato com a cultura do país.

Caso o aluno esteja pleiteando realizar esse tipo de curso, que, em geral, só é oferecido nas modalidades de especialização, uma avaliação prévia da finalidade da formação deve ser considerada. Ou seja, se o aluno estiver interessado apenas em adquirir novos conhecimentos, sem a necessidade de interação presencial com os participantes e sem a necessidade de usar as instalações da instituição no exterior, ele deve verificar se essa demanda não seria bem atendida por um curso EaD no Brasil, com custos mais acessíveis e com a ausência das dificuldades que o aprendizado em outro idioma acarreta. Caso seja um curso específico e único, oferecido apenas por determinada instituição no exterior, a experiência pode valer a pena.

Como o diploma obtido no exterior é objeto de desejo de muitos, mesmo que conquistado em cursos EaD, o estudante deve ter cuidado com fraudes e, principalmente, com cursos que não são possíveis de serem convalidados no Brasil. Na dúvida, o aluno deve consultar o site dos órgãos competentes no Brasil, tal como o Ministério da Educação (MEC), no intuito de tentar obter a indicação de que o curso no exterior poderá ou não ter a sua qualidade reconhecida no Brasil.

O autor

Renato Falcão Dantas é farmacêutico e mestre em Química pela Universidade Federal da Paraíba (UFPB), doutor em Engenharia Química pela Universidade de Barcelona e livre-docente em Biologia pela Universidade Estadual de Campinas (Unicamp). É professor da Unicamp, onde leciona disciplinas relacionadas à Biologia, Química e Inovação, assim como lidera um grupo de pesquisa na área de meio ambiente.

GRÁFICA PAYM
Tel. [11] 4392-3344
paym@graficapaym.com.br